N:ナラティヴとケア

第12号

2021年1月

Journal of N: Narrative and Care, No.12, Jan. 2021

JN123630

目 次

❖メディカル・ヒューマニティとナラティブ・メディスン

序

岸本寛史 *

* 静岡県立総合病院緩和医療科

この序はもともと斎藤清二先生が書かれる予定であった。ところが，先生は突然，病に倒れられた。出版社が事態を把握したのは，校正刷が発送される直前で，編集の労をお取りいただくことは難しい状況であると判断されたため，急遽，岸本が共同編者として編集に加わることとなったことをまずお断りしておきたい。先生の序文や巻頭論文はまだ執筆されていなかったため，掲載できないことは本当に残念であるが，いかんともしがたい。先生のご回復を心からお祈り申し上げる次第である。

斎藤先生の思いを受け継いで刊行にこぎつけたいと思ったものの，執筆依頼に際して，企画の趣旨や編者の言葉などはなく，ただ目次の一覧と執筆依頼の文書とが届いただけであった。出版社とも内容の打ち合わせはなかったようで，企画書は斎藤先生の頭の中にのみ存在していた。そこで，各執筆者にも協力をお願いし，斎藤先生とのやりとりなども教えていただいたうえで，可能な限り先生のお考えを推し量りながら，本特集の目指すところをまとめてみることとした。

本号のテーマは「メディカル・ヒューマニティとナラティブ・メディスン」だが，この「と」が曲者である。単純に並列の「と」なのか，それ以外の意味が込められているのか。先生の意図を読み解く手がかりは，岡山大学で医学教育にも携わっておられる小比賀先生に宛てて書かれた執筆依頼のメールに見つけることができた。そこには，特集のタイトルが「メディカル・ヒューマニティ（医療と人文学）：ナラティブ・メディスンを中心に」（仮題）となっていたからである。

この仮題から，当初，先生は「メディカル・ヒューマニティ」（以下，MH）というテーマに「ナラティブ・メディスン」（以下，NM）の観点から迫ろうと構想されていたことが推察される。中心は「メディカル・ヒューマニティ」だったのだ。それでは，その内容は？　King's College London の大学院修士課程Medical Humanities を修了された成井先生宛のメールには「メデイカル・ヒューマニティ（医療人文学）という概念は，日本では知っているひとは少ないので，字数が許せばぜひ，先生なりのおもしろい解説を入れていただけるとありがたいです」と書かれており，成井先生に MH の説明を求められていたことから，英国の医療人文学科（その主任教授はナラティブ・ベイスト・メディスン（以下，NBM）の創始者の一人である Hurwitz）の取り組みを柱の一つに据えようとされていたのではないかと思う。その内実については成井論文を参照されたいが，筆者がそう考える理由はもう一つある。

もう 20 年近く前のことになるが，2001 年 9 月 3 日と 4 日にケンブリッジ大学で開催されたナラティブ・ベイスト・メディスン・カンファレンスに斎藤先生と参加した際，4 日の夜に Hurwitz 先生が私たちを自宅に招いてくださり，食事をご馳走になった。その時，奥様の Ruth Richardson さんは歴史学者で医学史も専門分野の一つとされており，新著（2001 年 6 月刊）も出たばかりだ

と伺った。早速，翌日にロンドンの書店で探し求め，その新著を探し出したのだが，その本のタイトルがまさに *Medical Humanities*（Richardson, R. & Kirklin, D. (Eds.)（2001）*Medical Humanities: A Practical Introduction.* Royal College of Physicians of London.）だったのである。帰りの飛行機の中で斎藤先生とその本について話し合ったことを覚えているので，今回この執筆依頼をいただいた時，私はまずこの本のことを想起した。本号の種子はこの時播かれていたのではないかと思う。

そこで，Hurwitz らの（NBM の路線を組んだ）MH が中心に置かれているかと思いきや，本特集の構成では，第 1 部（§ 1）に「ナラティブ・メディスン教育の実際」が配されており，NM が強調されている。桐山や成井らの論考を読むと，Hurwitz らの（NBM の流れを汲む）MH も Charon らの NM も，語りに焦点を当てる上で小説や文学作品を取り上げるだけでなく，言葉以外の映画や絵画などの「イメージ表現」も尊重するなど，重なり合う点が少なくないように見受けられる。しかし，斎藤先生は当初の仮題に「ナラティブ・メディスンを中心に」と添えられた。Charon の『ナラティブ・メディスン』（Charon, R.（2006）*Narrative Medicine: Honoring the Stories of Illness.* Oxford University Press.）の発行は 2006 年，翻訳が 2011 年なので，NM との出会いが先生の MH への取り組みに影響を与えたのではないかと推測される。斎藤先生は NM からどのような影響を受けられたのだろうか。

斎藤先生は，『ナラティブ・メディスン』の訳書（医学書院，2011）の後書きで，「ナラティブ・メディスンに『物語能力（narrative competence）を用いて実践される医療』という簡潔な定義」がなされていることに注目し，物語能力とは「病の物語を認識し，吸収し，解釈し，それに動かされて行動する能力」であるという定義を引かれている。そのうえで，「このように医療者が身につけるべき基本的能力を『物語能力』として概念化することによって，ナラティブ・メディスンは，医療・医学の教育法として，極めて具体的で扱いやすいも

のとなっている」と指摘し，その具体的な技法や教育法として，精密読解やパラレル・チャートといった方法があると述べられている。

メディカル・ヒューマニティを医療実践や医学教育に生かすために，「物語能力」という概念に活路を見出されたのではないかと思う。医療人文学は，その重要性に正面から異を唱えることはないにしても，医療者には捉え所がないものとみなされて，特に科学的医学のフレームには収まりが悪いものと感じられなくもない。これに対して，NM では「物語能力」を概念化して定義を与え，その理論的背景を明らかにし，その能力を開発するための教育法を用意し，それを用いた実践を行い，評価し改善していくという，いわば，一つのメソッドを提示した。栗原論文には具体的なプログラムが示されるはずである（「はずである」というのは本稿執筆時点でまだ入稿していないからであるが）。さらに，このメソッドからの学びが桐山論文に示されており，桐山は後進の育成に励みたいと将来の展望についても述べているが，それが可能となるのはメソッドが確立しているからであろう。

「物語能力」と概念化することの是非はともかく，このような概念化によって，科学的思考が優勢を占める医学の中に医療人文学を定位しやすくなる。医療人文学は NM のメソッドを取り入れることで，医療・医学のフレームに受け入れやすいものとなると斎藤先生は考えられたのではないだろうか。ナラティブ・メディスンを中心にメディカル・ヒューマニティに迫る，という斎藤先生の意図には，このような事情があったのではないかと推察される。

ところが，NM を中心に据えることで，MH にさらに変化が生じた。拙稿でも触れたが，NM を提唱した Charon は「ナラティブ・メディスンに関連するどんな分野でもよいが，その最終学位を持っていないものは医学生には教えることはできない」と厳格な態度を示している（Jones, E.M. & Tansey, E.M. (Eds.)（2015）*The Development of Narrative Practices in Medicine C.1960-C.2000. Qmul History C20medicine.* Queen Mary, University of London.）。医学とは独立して，人文学を人文学として学ぶ（学位を修める）ことが最低限必要とされるという NM の態度に，医学に従属する人文学ではなく，医学と対等に並び立つ学問として人文学を尊重する姿勢が見える。その結果，斎藤先生は「メディカル・ヒューマニティ」というカタカナに続けて，「（医療と人文学）」という日本語訳を添えられることになったのではないかと思う。またしても「と」であるが，ここに「と」が挿入された意味は大きい。

　私事で恐縮だが，私は医学生の頃から臨床心理学に関心を持ち，医学の中に臨床心理的な観点を取り入れたいと考えてきた。当初は医学的観点と臨床心理学的観点を統合したいと考えていたが，両者の観点があまりに違うため，統合するのではなく，2つの観点を同時にもって現象に迫ろうと考えるようになった。そのことが明確になったのは，1999 年に初めての単著を出版したときで，タイトルを『癌と心理療法』とした。「癌の心理療法」ではなく「癌と心理療法」とすることで，2つの観点を同時に持つことの意義を強調したいと考えた（なお，同書は 21 年ぶりに大きくリニューアルして『がんと心理療法のこころみ』（誠信書房，2020 年）というタイトルで出版されたが，2つの観点で複眼視するというスタンスは今も変わっていない）。

　「医療と人文学」と，「と」が挿入されていることから，斎藤先生は，人文学を医学の枠組みの中の一分野ではなく，医学と対等な一分野と位置づけられたことが窺われる。この「と」の挿入。それが NM との出会いによる変化ではないかと私は考える。そして，パラドキシカルなことではあるが，（医療）人文学が医学とは異なる独立した一つの一分野であると認められて初めて，人文学は医療の中の一分野としての意義も持つことができるようになるのではないかと思う。本特集の執筆者が実に多彩な分野から選ばれたのも，このような姿勢の現れではないかと思う。

　以上，斎藤先生が本特集に込められた意図を私なりに推測してみた。限られた資料をもとにして

の推測なので深読みし過ぎているのかもしれないが，斎藤先生にはきっと賛同いただけると思う。規定の枚数に届きつつあるが，発行人の許可もいただいているので，本特集の内容についても簡単にみておきたい。

　§ 1は，NM 教育の実際というタイトルが掲げられ，MH を考える上で NM 教育を一つのモデルに据えていることがわかる。中心となる NM の原理と実践についての斎藤先生の論考が掲載できないことは誠に残念であるが，先生たちが最近訳された『ナラティブ・メディスンの原理と実践』（北大路書房，2019 年）がその書名が示す通り，まさにこのテーマを扱っているし，NM の本家のコロンビア大学で学んだ桐山の論考にも簡潔に示されている。桐山論文で私が下線を引いたところを列挙すれば「医療者自身の感情や経験が」「弱者である患者さんのために働く立場として」「自分の感じる苦しみや葛藤の先に他者への思いやりの境地が開ける」「背景こそが各経験に個人的意味を与える」「他者が関わったからこそ見える新しい意味づけが可能になる」「医療者が自分のありのままの感情に向き合うことができた時，患者さんとの対話の構造は変容する」など，重要なフレーズが目白押しである。なお，斎藤らの訳書における「精密読解」「創造的執筆」という訳語が桐山論文では「精読鑑賞」「文章創作」と変えられているが，この点について斎藤先生は了承されていたとのことで（校正刷が揃った段階で調整をお願いすることがあるかもしれませんとのことだったが），そのまま残してある。

　「ナラティブ・メディスンは聴覚優位なのか？」を書いた宮本は医学生であり，やや荒削りなところも感じられるが，着眼点は素晴らしい。医学生の間に人文学を真剣に学ぶ経験を持ち，もう一つの視点を身につけておくと，医師になった時に，医学的観点のみでは見えない部分が見えてくるだろう。今後の活躍が非常に楽しみである。

　第 2 部（§ 2）は医療と人文学というタイトルになっており，両者を対等に位置づけたときに開ける展望の一端が示されている。小比賀は岡山大

学医学科における「人文学」を導入した医学教育として，総合内科の臨床実習に取り入れた NM，形成外科の臨床実習でのビジュアルアート教育，哲学カフェの 3 つに取り組んでいる。特筆すべきはビジュアルアート教育をとりいれていることである（図らずも宮本の疑問に対する回答にもなっていると思う）。すでにリタ・シャロンも絵画を用いた精読鑑賞（桐山論文参照）を行なっており，イメージ（視覚）と対比することで言葉の真価と限界を認識できる。

NM に基づく論考が続いたが，次の成井論文でようやく，NBM の本家である英国の取り組みが紹介される。成井の執筆のスタイルについて，斎藤先生が成井に宛てたメールが参考になると思うので，成井の許可を得て掲載させていただく。

日本のナラティブ関連の書籍や論文は，「ナラティブについての論文」になってしまっているものが多く，それ自体が「自由かつ洒落たナラティブ」になっているものが少ないことには，ひそかに不満をもってきました。今回の特集では，現場での自己エスノグラフィ的な体験記が複数載るはずになっているので，楽しみにしております。

というわけで，成井先生には，ぜひご自分の体験に基づいた，楽しいナラティブをご執筆いただければと思います。お写真もぜひ自由に入れていただければと思います。

ここには「自由かつ洒落たナラティブ」がもっとあっていいという斎藤先生の思いが垣間見られる。それに応えるべく書かれた成井の論文で，最も印象に残った部分の一つが「医療人文学を学んだおかげで，その後臨床現場に戻った際に患者との関係性がとても円滑になった……ということは，あいにくない。ただ，臨床現場のどのような場面で人間としての医療者が求められているのか，ということには少し敏感になった気がする」というところである。「物語能力」という形での概念化をしない英国流の医療人文学は，目に見える形での成果（患者との関係が円滑になる）はすぐに現れないかもしれないが，人間，そう簡単に変わるも

のではないというのもまた真実の一面である。長い目で見れば医療の臨床実践に大きな影響をもたらし得るのは，患者との関係について「少し敏感になった」というような微細な変化なのかもしれない。どちらが良いということではないが，その影響のあり方は NM のそれとは対照的で，印象に残った。

寺西の「国際教養と医療人文学」では「国際」と「教養」についての概説ののち，「文体の解釈」の実践例が挙げられている。医療現場で生じるコミュニケーションの行き違いについて，深い洞察を与えてくれることはすぐにわかるだろう。同じ言葉が文脈の違いによって異なる意味を持つことは，頭では理解できても，実際にやりとりをしている最中に気づくことは難しい。具体的なテキスト読解を行いながらコミュニケーションの行き違いについて考えることは，その穴を埋めてくれる。たとえば緩和ケア研修会のコミュニケーションのパートでは「悪い知らせを伝える」場面が取り上げられていて，いかに伝えるかという点に力点が置かれ，どうしたら相手が言いたいことを聞くことができるかということは後回しになりやすい。こういうところに，「文体の精読」という文学で行われている方法が入ってくれば，盲点となっている部分に光を当てることができる。MH の意義はこういうところにあると思う。

続く平林の論考は『絵本黴瘡軍談』という 1813年の書物を読み解いたもので，歴史的な意義もさることながら，梅毒について解説し，梅毒薬の飲み方や効果を示す目的で書かれた説明書のようなもので，病を物語として捉えるという NBM の観点からも興味深い内容である。現代医学による最新の知識に基づく疾患概念も，数百年経った医療者の目には，どのように映るかと考えてみると，われわれが『絵本黴瘡軍談』を見るのと同じような目で眺められないとも限らない。現在の医学的疾患概念を医療者側の物語として相対化するうえでも，歴史に目を配ることは重要である。

第 3 部（§ 3）は「ナラティブ・メディスンを読み解く」となっている。当初，なぜこのようなタ

イトルになっているのかわからなかったが，上記の如く斎藤の意図を辿ってみると，第3部の目指すところも明らかとなってくる。当初はNMのメソッドを中心に据えてMHに迫るというスタンスであったが，その結果MHは医療に従属する一分野ではなく，医療と並ぶ対等な一分野と認識されるようになった。そのようなMHの観点から，今度はNMを読み解こうというのが第3部の目指すところではないかと思う。

「ナラティブ・メディスンと音楽」は文学を柱とするNMに音楽というもう一つの人文学の柱を入れるとどうなるか，との試みではないか。大寺は，「ナラティブという視点から音楽療法の特徴を思索することで，私は音楽療法の場が多層的かつ流動的な非線形のプロセスであることを認識するに至った」とまとめているが，これらの特徴は裏を返せば，言葉を中心に据えるNMの限界に関する考察でもあり，あるいは言語的やりとりを行う場合であっても，言葉の音楽的側面への考察であるともいえ，NMをさらに展開させる可能性について論じているとも言える。

次の拙論においては臨床実践の観点から述べることが求められていたが，私は医学的観点と臨床心理学的観点という2つの観点を意識しながら実践に取り組んできたということがあり，今振り返ればNMに臨床心理学的観点を取り入れたときの展開について論じてほしいと思われたのではないかと思われる。この点で拙論は不十分であることは明らかだが，本家のNMでも，先の『ナラティブ・メディスンの原理と実践』では精神分析的観点が相当取り入れられて論じられているので，この点についてはそちらを参照していただければと思う。

宇多川の「組織を変える対話とナラティブ」については，冒頭で宇多川自身がなぜ経営学なのかを論じているので，ここで繰り返すことはしないが，人文学の方法をNMに取り入れるとどうなるかという，第3部のテーマを考えれば，さほど違和感はないだろう。経営戦略論や組織論にナラティブがどのような意義を持つかについては，宇多川の著書『他者と働く』（ニューピックス，2019年）にわかりやすく述べられている。経営学の観点を，そのまま病院組織の運営などに取り入れるのはわかりやすいところであるが，たとえば一人の患者を経営学で論じられる「組織」とみなしたらどんなことがみえてくるかなど，文字通りの組織にとらわれずに視点を拡張すると，NMに寄与できる部分もさらに広がるかもしれない。

最後を飾る金城の「共同著作の理論と実践」では，「物語の共同構築」と呼ばれていた概念を物語の共同制作に喩えた「共同著作」について論じられている。まさに，臨床倫理の観点から，NMにおけるさまざまな側面が検討されている。

以上，私なりに斎藤先生の意図を汲みながら本特集の目指すところをまとめてみた。各論文を読み進める上でささやかなガイドとなれば幸いである。

コロンビア大学における教育プログラム

栗原幸江 *

* がん・感染症センター都立駒込病院緩和ケア科／
NPO法人マギーズ東京ヒューマンサポートチーム

はじめに

2018年1月，米国コロンビア大学に Department of Medical Humanities and Ethics（医療人文学と倫理学部）が誕生した[注1]。この学部には，ナラティブ・メディスン（Narrative Medicine；以下 NM），倫理（Ethics），そして社会医療とプロフェッショナリズム（Social Medicine and Professionalism）という3つの学科があり，この3学科の協働が医学部とその付属病院における「患者中心のケア」に向けた教育を担い，ひいては医療全体を，「個人を尊重し，個人と調和し，ケアの現場における参加者という内的な源泉からあふれ出るようなケア」（Charon et al., 2017, p.2）に向けて変化させてゆくことを目指す。この画期的な流れの源泉には，NM の教育プログラムがあり，その創設者のリタ・シャロン Rita Charon, MD, Ph. D. 教授の情熱と信念がある。

数人が集うワークショップから始まった NM が，コロンビア大学の医学教育および現任者教育システムの中に根づき，NM のそれほどの影響力が，コロンビア大学に新たな学部を生み出すことになったのだった。その NM のさまざまな教育プログラムの魅力をこの場を借りてお伝えできれば

と思う。

ナラティブ・メディスン

「ナラティブ・メディスン」（以下 NM）は，コロンビア大学のシャロン教授により，2000年に創設された医学教育プログラムだ。臨床の現場にあふれるさまざまな，そして複雑に絡み合った物語り（ナラティブ）に関心を持ち，注目し，「医療者のコミュニケーション能力」を高めることを目的としたこのプログラムは，「注意深く五感を研ぎ澄まし対象と向かい合う」「病いの物語りを細やかに読み解く」「自分なりの表現を磨く」といった物語り能力（Narrative Competence）を育むために，文学・芸術・映像・音楽といった多彩な媒体を用いている。医学部教育の1年次から必修科目とされており，医学生はその後も選択科目として履修を続けることができる。医学部入学前に NM の修士課程を修める学生もいる。

ワークショップから始まったこのプログラムは，その後大学院修士課程のカリキュラム，オンラインによる認定教育講座を生み，医師，看護師，ソーシャルワーカー，栄養士，リハビリテーションスタッフなど多職種の医療者の現任教育にも広がっている。また，年2回開催されている集中講座（ワークショップ）には，医療者の他にもジャーナリスト，作家，文学研究者といった背景の参加者が世界各国から集う。

NM は，患者が病いの中で耐えていること，病

注1）コロンビア大学医学部ホームページ：https://www.mhe.cuimc.columbia.edu/about-us（2020年12月20日アクセス）

者へのケアの中で医療者自身が体験していることを理解するための実用的な知恵を医療専門家に提供する（Charon, 2006, p.viii）。物語能力を磨くことで，医療者は患者のことをより気遣うことができるようになり，患者の体験により波長を合わせることができるようになり，より良く自分自身の実践を振り返ることができるようになり，患者が自らの病について語る物語りをより正確に解釈できるようになる（Charon, 2006, p.155）。

NM プログラムには物語能力を 磨くための三本の柱がある

1．Attention（注目・着目・配慮）

　物語り能力を磨く上で根幹をなす。「目の前の対象に真摯に向かい合う」実践，細部に向ける細やかな注意と全体を俯瞰する視野，そして「今ここ」「自分の身体」にしっかりと「在る」という能力は，意識的に育み修練するものである。小説を精密読解（close reading；以後「精読」）する，絵画をゆっくりと鑑賞（slow mindful viewing）するといったエクササイズは，「意識を向けると気づく・見えてくる」という認識の広がりや理解の深まりの体験をもたらす。

2．Representation（表現・表象）

　認識したものを表現する能力。自身の考えや気持ちといった漠としたものを，文章などの形にする。そうすることによって，それは手に取り，考え，反応し，分かち合う対象となる。小説・詩の精読や絵画・写真，映画の鑑賞のプロセスで刺激を受けて自分の内に浮かぶ「何か」を，省察作文（Reflective Writing）として書くエクササイズは，表現の難しさと奥深さを教えるとともに，表現を細やかに磨くことが自身の観方・聴き方・とらえ方を磨くことにつながることを教える。「書くこと」自体が「（誰にも邪魔されることのない）安全な表現／表象の場を設けること」であり，それを通じて自分の考えやこころに耳を澄ます，また「何を書くか」「何を書かないか」という取捨選択があることを意識し，「書かなかったこと」へも思

いを寄せる。

3．Affiliation（つながり・関係性の構築・参与）

　表現／表象されたもの（文章，スケッチ，写真など）は，共有が可能となる。省察作文は「小グループ内，あるいはペアのパートナーに読み聞かせる」ことを前提に書くのだが，その「書いたもの」を他の誰かと分かち合うことが，さらなる学びとなる。語り手にとっては，自分の拙い表現が相手に伝わるかという不安，その不安を押して相手と分かち合おうとする勇気，そして相手に温かく受け取ってもらえた時の歓びと相手との間に感じるつながり（Affiliation）を体験する機会となる。そして聴き手にとっては，語り手の勇気と自分に対して寄せられる信頼感を感じ，それがさらに相手に真摯に向き合い，相手の語りを注意深く受け取ろうとする姿勢を育み，語り手との間の距離をぐっと近づけることを体感から知る。それは，医療者に精いっぱい伝えようとする患者・家族の体験に思いを寄せる契機となるかもしれない。

　この三本の柱が，ナラティブ・メディスンの教育プログラムすべての基盤となる。次に，提供されている教育プログラムのいくつかを取り上げ，それぞれの雰囲気をお伝えしようと思う。

ナラティブ・メディスン・ワークショップ

　金曜日の午後から日曜日のお昼までの週末3日間かけて開催されるワークショップは，多くの人にとってナラティブ・メディスンの魅力を味わう最初の場所となる。そこには，アメリカ国内各地から，そして海外から，医療職以外にもジャーナリストや作家，文学研究者といった職業背景もさまざまな参加者が集まる。年2回開催のこのワークショップは，秋にはコアメンバーの講師陣による基礎編，春には外部講師を招聘しての「臨床倫理」「社会正義」「バーンアウト」などの特別テーマ編と，毎年その内容に工夫が盛り込まれている。

　事前に読んでおくように配布された論文や精密読解用の資料に加え，その場で絵画や写真，映像

写真1　分かち合いを共にした小グループの仲間たち

写真2　オープニング講演のシャロン教授

写真3　映画の一部をじっくりと観るエクササイズ中

写真4　小説の抜粋の精読と省察作文用ノート

といったビジュアルの媒体も精密読解のエクササイズによく用いられる。たとえば複数で1枚の絵や写真をじっくりと眺める。自分なりに気になったところから「物語り」「解釈」「意味」を想像／創造する。複数の眼がとらえることにより、「見えているもの」と「見えていなかったところから見えてくるもの」が多層的に広がる。他者の視点が、自分の視野を広げることとなり、自分では想像もつかなかった「読み」を得ることが可能となる。参加のメンバーが異なれば当然のことながら視点の置き所や反応も変わり、精読の題材からも新たな気づきが得られる。

　ナラティブ・メディスンの概論、「共感について」「創造性について」「ナラティブ倫理」といった講義には参加者全員が大講堂に集う。その後7〜8名からなるメンバーがワークショップ内で5回設定されている小グループディスカッションの時間を共にする。この小グループディスカッションの

写真5　シャロン教授（右）と筆者

中で、実際に詩や小説の精密読解をし、4〜5分といった時間を定め一斉に省察作文を書く。それにより「他者の表現に引きずられない自分の表現」「短時間で表現する際に何が取捨選択されるか」に書き手が気づく契機となる。省察作文を書き、それを分かち合うというナラティブ・メディスンのエクササイズの経験を積むのだ。

　例えば倫理のテーマでは、複雑にからまった倫

理的問題が抱える葛藤へのアプローチとして，そこに絡み合う「物語り」を丁寧に読み解く力と「相手の物語りを尊重する姿勢——答えを持っている専門家ではなく，相手の物語りを丁寧にわかろうとする一人となること」の大切さを再確認する。「病いの物語り」への関心を持ち，「誰の声を聴いているか，また誰の声が聞こえていないか」を意識すること，一つ一つの物語りに「そこに至る物語」があることを意識することによりものの見方が多層的になると，アセスメントも立体的になり，対応が柔軟的になる。私たちがお互いに「自分の物語りの登場人物をキャスティングしている」ということを知り，「語り手の意図のエッセンス」がしっかりと受け取られたと感じられること自体が癒しとなることを知ると，相互のコミュニケーションが温かなものになり，患者・家族と医療者との間の対立構造，あるいは医療者間の対立構造が生じにくくなる（あるいは生じているところに介入の視点が見出せる）。

　ここで，筆者の経験をひとつシェアしたい。ワークショップの最終日の小グループにて，「ペアの相手の話を注意深く聴く」というエクササイズがあった。「今気になっていること」のテーマで5分間省察作文を書き，ペアで5分間語り／聴き，聴き手は何を受け取ったか，語り手は語った体験がどうだったかを書き，交代。最後に10分間ペア内でその体験を分かち合うというエクササイズだ。真摯に耳を傾けてくれているパートナーを前に，語りながら自分の語りがテーマの輪郭を明らかにしていく体験も心地よかったが，筆者が聴き手となり「あなたの語りをこんな風に受け取りましたよ」と書いたものを読み上げているところで，パートナーの目に涙が浮かび，その彼女が「語った／聴いてもらった体験」を書いたものを読み上げているときに，今度は筆者の目にも涙。語り手となり聴き手となり物語りを分かち合った後のそれぞれの体験を書いているときはお互いに相手の内に何が生じていたかを知ることはなかったが，語っていたパートナーがその語りを通じて，聴き手の筆者のことを「重みを分かち合える特別な相

手」と感じてくれたこと，その語りのシェアを通じて私たちの間の関係性が確かに変わったことを，それぞれに表現していた。まさに，「物語り」が語り手と聴き手との間につながりを育むことを体感した時間であった。

　基礎編受講者を対象に隔年開催されているワークショップ上級編では，「受ける」側から「提供する」側へと視点を移す。参加者同士，お互いに資源となり合うという側面も意図されており，基礎編受講以降どのように参加者がNMを取り入れた教育プログラムを行ってきたか，その経験値を分かち合う機会も用意されている。プログラム立ち上げの時に考えること，持続させるための工夫，そしてどのようにその導入の効果を評価するか等の講義の後，NMの修士課程卒業生らの経験談からも学べる。精読のエクササイズも，「ファシリテーター」の立場からどう精読するか，精読する題材をどのような基準で選ぶか，参加者の「読み」を深め広げるためにどのような質問を投げかけるか，精読後の省察作文のテーマをどう作るか，そのテーマに従って参加者が書いたものに対して（書いた人の，そしてそれを読み聞かせた相手の双方の気づきが深まるように）どのようにコメントするかなどを，実際に体験し，そのプロセスを分かち合い，ともに学ぶ。参加者の時に精読のエクササイズで体験した「発見の喜び」の背景にある「準備」に目を向けるのだ。参加者が各自精読の教材を持ち寄り，学んだことを踏まえて省察作文のテーマを出し，他の参加メンバーに実際にやってもらって感想を聞くというエクササイズにもトライする。また，プログラムを自施設等で取り入れる上で，何を目的にするか，誰を対象にするか，どのような内容にしてそれをどのように評価するか，実際にどのような交渉をしてゆくかなど実践的なグループワークも盛り込まれている。

大学院修士課程

　ナラティブ・メディスンの修士課程は，2009年に誕生した。修士課程の経験の詳細は桐山の稿を参照いただくが，修士課程のカリキュラムは，ナ

ラティブ・メディスンの奥深さをさらに探求しながら新たな教育のアプローチを開拓する力を育む。年2回のワークショップ含め，単発のワークショップが氷山の一角であり，水面下にはとてつもなく大きく深い世界が広がっていること，そしてそれはさらに広く深く広がっていくものであることを学ぶ。

NMの教育法の中核をなす精密読解の背景理論（文学理論や物語論，哲学，美学理論，文化研究や精神療法等の領域）を学び，コミュニケーションにおける「間主観性」「関係性構築」の理解を深める。カリキュラムの中には「死と死にゆく過程」「社会正義」といったテーマの主要文献を徹底的に読み込んだり，出版や主要新聞雑誌への投稿を目指して創作作文（creative writing）をとことん磨いたりする講座もある。いずれも，NM教育プログラムを自身で提供するための基盤づくりとなる。

「自分のことを表現する」ことの難しさ，自分自身にもわかりえない（クリアに見ることのできない）自分の存在，その表現の多彩さと繊細さ，そうした「表現の深み」を受け手がどれほど理解することができるのかということを，文献を読み込み，実践し，学んでゆく。物語りはすべて「聴き手とともに紡がれるもの」であり，「まっさらな中立を保った聴き手」など存在しないということも，聴き手の反応に応じて語り手の物語りは豊かに広がったり貧しくしぼんでしまったりすることも，言語化されずとも，自分に向けられた聴き手の関心の有無を語り手は察知するのだということも，自分の物語りに対して聴き手が関心をもって耳を傾けていることが感じられるとき，語り手はその自分の物語りが「語るに値するもの」という支えをそこに感じ取り，物語りが促進されるということも。「自分の物語りが尊重され大切にされる」ということは，語り手にとって「自分が尊重される経験」でもあるということであり，そのような「場」が提供されると，それまで言葉にならなかった痛みや苦悩を表現できるようになる。そのように語り手と聴き手との間でともに紡がれる

「物語り」が新たな気づきや意味づけを見出す契機を生み，その「物語り」が傷ついた者／弱者の痛みや苦悩を癒すプロセスを進めていくのだということを「先生が教える」のではなく，文学や映像を通じて「学生自らが感じ取る」ことができるように，題材を選び，ディスカッションを深める問いかけをし，省察作文のテーマを出す。優れた作品に触れ，そのプロセスを繰り返すことで，精読の力が身についていくのだということを体感してゆくのだ。優れた文学的表現が持つ力により自然と「そこに語られる物語り」に引きこまれ，心動かされ，自分の「思い込み」「バイアス」「わかったつもりだったこと」にも何度も向かい合う。

「観る」「聴く」についても，さまざまな角度から理解を深めてゆく。書簡集を通じて詩人や画家の素の思いに触れたり，その画家の作品の模写をしたり，ヌードモデルや彫刻，空間のデッサンをしたりという実践を通じて「見る・観る」ということ，「一人一人の立ち位置がその視点に反映される」ということ，「真摯に対象に向かい合う」「表現することの難しさ」などを体験的に学ぶ。芸術に触れる喜びや癒しを体験しつつ，細部に注意を払い全体を俯瞰する視野を育むという経験的学習方法にも触れられる。私たちの「通念」「価値判断」「倫理的判断」がどのように形作られていくか，いかに社会の中で精妙に織り込まれているか等を再考する機会にもなる。

修士課程のカリキュラムに一貫しているのが，その圧倒的な読書量だ。厳選された良書や優れた論文に触れ，視野を磨き，思索を深め，それが新たな題材やアプローチに向けたアンテナを磨くことにつながる。ナラティブ・メディスンが常に「新しい」のは，この基盤があってこそなのだと思う。

専門職対象オンライン認定プログラム

この専門職対象オンライン認定プログラム（Online Certification of Professional Achievement in Narrative Medicine）は2017年に誕生した。距離的にそして時間的に前述の修士課程の履修がかなわない医療者や教育者などが受講可能となるよ

うに考えられている。臨床現場において NM プログラムを導入できるよう，教育メソッドや質的評価といった具体的なプログラム設計や導入に向けた履修内容となっている。忙しい臨床家や教育者が比較的柔軟に受講できるよう，事前視聴の動画や教材，課題にアクセスし，受講生間のディスカッションはオンラインフォーラムを通じて行われる。このプログラム受講後にさらに修士課程に進むことを選択した場合，取得単位が部分的に認められるようにもなっている。

ナラティブ・メディスン・ラウンド（公開講座）

　毎月第1水曜日に開催される NM プログラム主催の講演会（公開講座）である。さまざまなテーマでその領域の第一人者であるゲストスピーカーのナラティブ（物語り）に耳を傾ける。NM プログラムを知っている人たちにも知らない人たちにも，「物語りにより心動かされる」体験をしてもらうという，アウトリーチ的な意味合いと，社会におけるさまざまな課題に目を向けるきっかけを提供する意味合いがある。

医療現場で定期開催される
ナラティブ・メディスンセミナー

　NM プログラムやその教育は継続することによって磨かれ育まれるところも大きいが，忙しい臨床現場でそれを実践していくのことはたやすいことではない。コロンビア大学の関連病院では，主にフェロー（レジデントプログラム修了後の医師のポジション）の教育を目的として朝8時から8時45分に開催されている。「朝ならば全員集まれる」というのは，米国も日本も同じようだが，忙しい臨床現場で45分間の確保はたやすいことではないと思われる。それが可能になっていること自体が，このプログラムへの参加者が認める価値（満足度と負荷との間にバランス）が認められていることの表れだと思う。

　コロンビア大学附属病院の緩和ケアチームを対象とした NM セミナーでは，チーム内のがん専門看護師が NM の修士課程を修了しており，その彼女がファシリテーターとなり隔週開催されている。また，家庭医療部門のフェローとレジデントを対象としたセミナーでは，NM 修士課程を修了した看護教員と行動心理学の心理士の2人が隔週交代で，NM セミナーと心理社会的諸問題をテーマとしたミニレクチャーとディスカッションのセミナーを提供している。

　詩や短い散文を精読し，省察作文をその場で書いて分かち合うこのセミナーは，さまざまな連想が広がる（広げようとする）時間となり「対象・相手への関心と，そこに込められた思いを読み取ろうとする想像力・創造力を磨く」機会となる。また「詩」や「互いの個人的な経験」により動かされた「素の自分のこころ」を分かち合うことを通してフェロー同士がお互いの「これまで知らなかった一面」を知ることにつながる。さらには，現場で出会う「社会的弱者」である患者の抱える貧困や格差などといった多様な社会的問題や，そこに揺さぶられる自分の価値観などを，NM セミナーの省察作文で表現し仲間と分かち合うことは，各レジデントやフェローの自己理解を深める一助にも，仲間同士の相互サポートにもつながる。コロンビア大学医学部から「コミュニケーション教育の向上目的の助成」を受けて続いているこのセミナーは，「受けるのが当然」という形で定例化されて予算がついている（参加者への朝食の提供と運営役への謝金）が，その「定例化」に向けてどれほどの実績と尽力が重ねられたか（参加者の満足度と教育効果など），その歴史を感慨深く思う。

　NM プログラムの効果の1つは，医療者のコミュニケーション力が磨かれ，患者家族満足度が高まること，さらには医療全体の文化が「人としてこころ通う温かな医療」に変わっていくというものだが，もう1つに医療者自身のバーンアウト予防も効果として期待される。NM エクササイズを通じて，スタッフが相互理解を深め，それがチームビルディングにつながることが，スタッフのメンタルヘルスの向上にも寄与する。筆者は，修士課程在籍中のプロジェクトとして，前述の緩和ケアチームのスタッフにとっての NM セミナーの役割

と意味についての質的研究を行った際に，NMの
エクササイズを通じて詩や文学，芸術に触れ，心
を動かされ，臨床上の体験を省察作文として言語
化し仲間と分かち合うことが，チーム内の絆を強
め，患者家族理解を促進するうえでの「大切な時
間」であることを耳にした。NMプログラムの体
験が，感性への心地よい刺激と気づきの喜びを生
み，参加者の省察力と参加者同士のつながりを育
む喜びにつながる。それがまた参加したい，継続
したいという動機となる。経験を積み重ね，対象
を読み解く力を磨き，それが臨床現場で患者家族
に還元され，医療者と患者家族との間に信頼関係
を育む。同プログラムが着実に根をはり，維持さ
れ，広がっている背景に触れた思いがあった。

　また，小児科教授や指導医を対象に，シャロン
教授自らが運営し月1回のペースで開催されてい
るNMセミナーもある。参加人数は3〜5名と小
規模であるが，医学部や大学病院において影響力
を持つ参加者たちが，それぞれにNMプログラム
やアプローチを経験し，上記の効果を実感してい
る。それも，コロンビア大学における医学教育の
中でNMプログラムの存在意義の理解や支援の基
盤になるのだろう。

　この他に，コロンビア大学医学部および関連病
院のスタッフや教員（要職を引退したベテランた
ちも参加）を対象にした隔週開催の「職場の文学
（Literature at Work）」という集まりがあり，これ
もまたシャロン教授が主宰している。人生経験豊
かな参加者たちがグループ内で本や詩を推薦し合
い，選ばれた題材を精読するこの場もまた，参加
者の背景が精読に深みを与え，ワークショップや
大学での講座の中で取り入れられる新たな教材選
択のヒントを得る機会となる。こうしたセミナー
の一つ一つの規模は小さい（少人数）ながら，こ
うして幅広い背景の参加者を得て積み重ね（それ
はシャロン教授のパッションの現れでもある）て
きたことが，コロンビア大学内でNMが着実に存
在感を示すようになった歴史的背景にあることを
実感できる。

おわりに──進化発展し続ける教育プログラム

　筆者が修士課程に在籍していた2017年秋，同
期の学生の中から「社会正義の重要性を提唱して
いるのに，カリキュラムの内容に人種的多様性が
欠けており，講師陣にもマイノリティの起用が少
ない」という声が上がった。講師陣と学生との間
の話し合いが重ねられ，それは翌年以降のカリキ
ュラム，そして春のワークショップの特別テーマ，
さらに新たな講師の招聘へとつながっていった。
そうしたたゆまぬ向上の姿勢が，ナラティブ・メ
ディスンの教育プログラムの成長を支えている。

　思い返すと，シャロン教授はワークショップで，
大学院の講義の中で，日本各地での講演で，「医
療は何のためにあるのか（What is Health Care
for?）」と問いかけていた。ナラティブ・メディス
ンに触れるさまざまな専門職の人々が，病の語り
に，そして弱者の語りを丁寧に受け取るアンテナ
を磨き続け，現場から社会正義にきちんと取り組
むことを通して，医療が，そして社会が温かなも
のへと着実に変わってゆくのではないかと思う。

　COVID-19の猛威が米国にも深刻な影響を及ぼ
している中で，ワークショップや毎月の公開講座
もオンライン開催となっている。英語OKの諸氏
は，この機会に各種プログラムにアクセスしてみ
てはいかがだろうか。

文　　　献

Charon, R.（2006）*Narrative Medicine: Honoring the Stories of Illness.* Oxford University Press.（斎藤清二・岸本寛史・宮田靖志・山本和利監訳（2011）ナラティブ・メディスン：物語能力が医療を変える．医学書院．）

Charon, R., DasGupta, S., & Hermann, N. et al.（2017）*The Principles and Practice of Narrative Medicine.* Oxford University Press.（斎藤清二・栗原幸江・齋藤章太郎訳（2019）ナラティブ・メディスンの原理と実践．北大路書房．）

メディカル・ヒューマニティとナラティブ・メディスン：§1　ナラティブ・メディスン教育の実際

ナラティブ・メディスンの学びと可能性
——コロンビア大学修士プログラムを履修して

桐山加奈子 *
* コロンビア大学

I　はじめに

　ナラティブ・メディスンは，芸術鑑賞や表現行為などを通じて医療における対話のありかたを探求する学問である。内科医・文学博士であるリタ・シャロンらを中心に，2000年に米国コロンビア大学で設立され，医療従事者や医学生などを対象とするさまざまなプログラムを提供している。筆者は内分泌糖尿病を専門とする医師として日本で数年間勤務した後，2018年春よりコロンビア大学のナラティブ・メディスン修士課程を開始した。筆者の学びはまだ道半ばではあるが，日々この学問の可能性に感銘を受け，筆者自身も救われるような貴重な経験をしている。今回修士課程における学びの実際を具体的に紹介し，若干の考察を加えたい。

II　患者中心医療とナラティブ・メディスン

　日本で「患者中心医療」の重要性が叫ばれるようになって久しい。患者中心医療とは，患者さんの個別性を第一に尊重する医療行為を指す（Gerteis et al., 1993）。古くは知識と権威を持つ医師が患者さんの意志とは関係なく医学的に「正しい」介入を選択するという構図が当然とされてきた。しかし，病態学がどんなに進歩しても目の前の患者さんの病いの全てを説明しきれないこと，医学的に「正しい」選択が必ずしも患者さんの幸せに繋がらないということが注目されるようになり，医療者と患者さんとの関係性が再考されるようにな

った。患者さんの個別性とは，患者さんの人生そのものである。同じ疾患でも患者さんごとに異なる経験となり，それは人生に異なる影響を及ぼす。医療の目的が，疾患の治療だけではなく，患者さんの経験する「病い」に対する全体的なケアであると考えられるようになった時，患者さん固有の語りに耳を傾けることの重要性が注目されるようになった。これは1998年に英国のGreenhalghらによって提唱され，本邦でも広く浸透するようになったNarrative Based Medicineと呼ばれる動きであり，科学的根拠に基づいた標準的治療を提供するEvidence Based Medicineと相補しあう立場にあると考えられている（斎藤，2014）。

　筆者の医学生時代にも，患者さん固有の語りをいかに「聴く」かを学ぶさまざまな機会があった。傾聴とは何か。どうしたら患者さんが話しやすい環境を作ることができるか。患者さんの日常・人生を想像することの重要性。現在，患者さん固有の価値観を尊重するためのさまざまなコミュニケーションスキルが注目されている。

　しかしその一方で，医療者自身の感情や経験が注目されるような機会はほとんどない。むしろ，プロフェッショナルとして冷静で客観的な判断・対応をするために，そして常に「弱者」である患者さんのために働く立場として，「何も感じないこと」が美徳とされる風潮がある。また慌ただしく時に劇的な毎日の診療の中で，感情的な距離をおかずには仕事を続けられないという感覚も実感としてあるだろう。とかく効率を重視する現代社会

の側面に加え，その背景には漠然としたよくわからないもの，制御できないものに対峙する恐怖心もあるのではないだろうか。

筆者自身，学生・研修医時代には自分の感情に悩まされることも多くあり，医療者に向いていないと考えることもあった。それでも自分の感じる苦しみや葛藤の先に他者への思いやりの境地が開けること，他者を想うことで自分自身が救われることも実感しており，それこそが医師としての自分の核となるものであった。苦しみとは何か，苦しみと共に生きるとはどういうことか，他者の苦しみのために自分に何ができるのか，生きるとは何か。こうした根本的な疑問について学んだり語り合う機会を医学の中に見出すことはほとんどできなかった。

筆者がナラティブ・メディスンと出会ったのは，医師5年目となる春だった。目の前の患者さんのために必死で勉強をしていた時期であったが，夫の米国留学が決まり，自分の進路を再考する中で，忘れかけていた自分の初心と再度向き合う機会を得た。そしてさまざまな方々との出会いと幸運が重なり，この学問にたどり着くことができた。

Ⅲ　現象学とナラティブ・メディスン

ナラティブ・メディスンは，現象学（Phenomenology）という哲学を一つの足がかりとして医療者の在り方を見つめなおす。現象学の代表的な哲学者であるメルロ＝ポンティは『知覚と現象学（Phenomenology of Perception）』（Merleau-Ponty, 1945）の序章で，現象学とは自分の経験をありのままの形で記述する試みであると説明している。一切の理論や原則から離れて，まず第一に自分の実際の経験に真摯に向き合おうとする態度である。現象学では知覚という現象を我々の世界への関わり方そのものだと考える。世界に何かが存在するから知覚するのではなく，自分が知覚するものが「世界」なのである。例えば遠く離れた友人に対して，直接目で見たり声を聴いたり手で触れたりすることができなくてもその存在を認識することができる。一方でどんなに近くに

存在していても認識しないものもある。自分が見ようとするもの，聞こうとしているものしか知覚できない，とも言えるだろう。現象学では，こうした独特な知覚という現象を説明（explanation）や解釈（analysis）などの行為以前の形，できるだけ純粋な形でとらえること（description）で自分の知覚の「背景」に注目することを試みる。この「背景」こそが各経験に個人的な意味を与えるのである（Charon et al., 2017）。

この意味づけという行為は極めて個人的でありながら，流れる時間の中で，そして他者との関係性の中で変わり続けるものである。我々は自分の経験を過去の経験や他者の経験と統合，交差させる中でその意味づけをし続ける。現象学の学びは，経験に対する自分特有の意味づけを明らかにするだけでなく，それが固定されたものではなく変化しうるものであることを実感させることにも大きな意義があると筆者は感じている。生老病死という誰もが避けて通れない，そして受け入れがたく絶望的な苦しみを生じうる大きな課題に対して，他者が関わったからこそ見える新しい意味づけが可能になること。ここに希望が生じうるのである。さらにこうした取り組みは，自分の枠組みを超えた世界の存在について想いを馳せるきっかけにもなる。自分がこれまで見えていなかったものにも関心を払おうとする態度は，他者の苦しみに向き合い続ける医療者にとって大変重要な倫理感といえるだろう。

医療者が自分のありのままの感情や経験に向き合うことができた時，患者さんとの対話の構造は変容する。医療者は，知識・技術を有する権威としての存在にとどまらない。自分の立ち位置から見える新しい発見を患者さんと交換しあいながら，患者さん固有の苦しみの経験に向き合い意味づけをし続ける，協力者としての立場となるのである。このとき患者中心医療の議論はさらに奥行きのあるものとなるに違いない。

Ⅳ　3つの柱

ナラティブ・メディスンは，精読鑑賞（close

reading），文章創作（creative writing），口述歴史（oral history）を3つの柱として患者さんとの対話のあり方を探求する。以下に順次説明していく。

1．精読鑑賞（close-reading）

　精読鑑賞では，文学作品・詩・漫画・映画・演劇・絵画や彫刻・音楽などの媒体に，時間をかけてじっくりと向き合う。その作品のあらゆる要素に意味・価値があるとみなし，その表現（representation）の奥に隠されたもの，時には表現されていないものにまで心を配り，受け取ろうとする態度を養う。修士課程では，ディスカッションの際の共有のしやすさなどの理由から文学作品を扱うことが最も多いが，さまざまな媒体に触れる中でそれぞれの表現手段固有の強みについても学んでいく。

　優れた文学作品はさまざまな表現手段を通じて読者に解釈の余地を与える。読者には書かれた言葉以上のニュアンスやメッセージを感じ取る自由が与えられ，それと同時にその作品の世界に自ら進んで関わっていく参加者の立場を引き受ける。作品の世界が物語の内部にいる人たちだけでなく，外部にいる読者の参入によっても形作られるとも言えるだろう。読者は作品のさまざまな技巧に魅せられる形で，自分や自分の生きている世界とは全く異なる物語の世界の中で登場人物や語り手たちをじっくり観察し，その世界に存在するあらゆるサインへの感性を開き，複雑で曖昧なニュアンスに心を配っていく。このことは基本的に理解不能な「他者」のために働く医療者にとって大変重要な学びとなる。患者さんは常に「他者」であり，複雑で曖昧で決して全てを「理解」「把握」することができない存在である（Levinas, 1969）。常に医学的なアセスメントと判断をすることを迫られ続けている医療者が，自ら進んで他者の世界に足を踏み入れ，曖昧なこと・わからないことに向き合い続ける機会を得ること。そこで他者との関係性や病い，死などという我々の理解や力を超えたものについて考えつづけること。このことが精読鑑賞の最も大きな意義の一つだと感じている。以下に筆者が実際に行った精読鑑賞について，でき

るだけ具体的に紹介したい。

①文学を用いた精読鑑賞の例

　具体例として，*One minus One* という短編小説の冒頭部分を紹介する（Toibin, 2007）。この短編小説は修士課程の最初に受講する Giving and Receiving of Accounts of Self の初回授業で扱う題材である。それに引き続く文章は，筆者が実際に自分の経験を記述したものからの抜粋である。

　　The moon hangs low over Texas. The moon is my mother. She is full tonight, and brighter than the brightest neon；there are folds of red in her vast amber. Maybe she is a harvest moon, a Comanche moon, I do not know. I have never seen a moon so low and so full of her own deep brightness. My mother is six years dead tonight, and Ireland is six hours away and you are asleep. （Toibin, p.273）

　この小説は美しい月の描写から始まる。語り手は月を見つめている。輝くばかりの完璧な満月。語り手はその月が自分の母親であるという。彼を静かに見守る，大きくて美しく完璧な満月。今にも手が届きそうなほど近くに感じられるが，それでも決して触れることはできないということを彼はわかっている。テキサスの地でたった一人，帰らぬ人となった母親に思いを馳せている語り手。月を母親にたとえることで痛々しい喪失の物語が静かに始まる。

　完璧な月の描写は，それと対比して語り手がいかに不完全で損なわれている存在であるかを暗示している。大きな月と小さな自分。輝く明るい月と暗闇の中で立ち尽くす自分。満ち足りた月と損なわれた自分。美しい月の描写の奥に見事な対比構造がみてとれる。その一方で，語り手は月自身が抱える孤独についても思いを馳せ，共感している。満月にはその完璧さにもかかわらず，いや，完璧だからこそその孤独があるのかもしれない。自分自身の輝きのために周りの星が全部消えてしまうため，たった一人で暗い空に浮かんでいるように見て取れる。あらゆる最上級表現で装飾された月の孤高の苦しみ。孤独な語り手はそんな月に対して

仲間意識のようなものも抱いているのかもしれない。このように比喩，対比，最上級表現などのさまざまな手段を用いて，この冒頭部分は語り手の喪失と孤独を実に見事に描き出している。そしてこうして示された空洞の中に読者を誘い込むのである。

　しかし読者である筆者が彼の喪失の苦しみに心を打たれ歩み寄ろうとした瞬間，段落の末尾で思いもよらないことを知らされる。実は語り手が求めているのは読者である筆者ではなく，どこかで眠っている「you」という存在だったのだ。6年，6時間という数が初めて提示されることで文章の現実味が増し，語り手と読者との間の埋められない距離のようなものを感じさせる。決して引き戻すことのできない6年という年月の重さと，遠隔にも関わらず圧倒的な存在感を示す謎めいた you の存在。読者である筆者は部外者としての自分の立場の限界を感じずにはいられない。

　今回示ししたのは冒頭のたった1段落のみであるが，この短い導入部分だけでも語り手と読者との間にこれだけの関係性が構築されていくというのは貴重な学びである。メモを参考に当時の筆者の精読鑑賞を再現したが，執筆時点での筆者には違う風に読める部分もあり，作品の持つ空間性・時間性についても学ぶことが多い。

　作品は通常，医療とは直接関係しないような題材が選ばれる。記憶やアイデンティティ，喪失などをテーマにした長編小説が多い。多くの授業では作品を前もって各自で精読鑑賞した上で，その週のテーマに即した文学理論や評論，哲学や精神分析などの課題文献をいくつか読む。そして自分の鑑賞の経験が文献内容によりどのように深められるかを考察し提出する。授業では課題内容をもとにディスカッションを行い，さらなる深みを目指す。

②絵画を用いた精読鑑賞の例

　選択科目の Works of Art の授業では閉館後の美術館を貸し切り，10人程度で一つの絵画を囲む。ここでもその作品に関する一切の情報や知識から

図1　John Constable 《*The White Horse*》，1819, Oil on canvas, 131.4 × 188.3 cm, The Frick Collection

離れて，自分の鑑賞の経験に直接向き合うことを試みる。そして時間をかけるということを大切にする。好きな場所に腰をかけ，まず5分ほど静かに，時には美術館の照明などもすべて消した状態で作品と向き合い続ける。

　ここでは初回授業で鑑賞した *The White Horse* という作品（図1）について紹介する。

　この絵を見たときの筆者の第一印象は「何かが変だな」というだけだった。何が変なのかもさっぱりよくわからず，お手上げだと思った。しかしその後も仕方なく静かにその絵と向き合っている中で，次第に風の動きを感じるようになった。よくみると絵画のあちこちに流れる雲・空を飛ぶ鳥・船上で忙しく働く人々など，動きを感じさせる描写があることがわかってきた。すると鳥の鳴き声や，冷たい川の水，草のにおいなども感じられるようになった。それは突然，絵画の中の世界への道が開かれたような新鮮な感覚だった。その後，川面の反射が実に鮮明であるというクラスメイトの指摘により，川上に漂う静寂の存在に気づいた。その目でみると馬や木々が微動だにしない様子で描かれていることも目を引いた。そのときはっと，筆者が初めに感じていた違和感が躍動感と静寂の共存からくるものではないかと考えた。そのコントラストが奇妙に強調され，夢の中にいるような不思議な感覚を生じさせたのではないかと。こうして稚拙な第一印象に何らかの説明がついたということは自分自身が容認されたような嬉しい感覚

であった。

　その後，教員からの指示で鑑賞する位置取りを変えた。初めは向かって右後ろの方から鑑賞していたが，そのあと左前の方，前方中央の２カ所でも鑑賞し直した。すると驚くほど絵画の印象が変わったのである。右方から見た時には筆者の視線は反時計回りであった。その見方だと雲の動きがよく目立ち変化という印象が強調されていた。左方から見ると立っている馬がまず目を引いた。筆者の視線は自然と馬が顔を向けている方向を向き，静かに佇んでいる馬と一体化したような感覚があった。作品にぐっと近づき下から見上げてみると草や木々がとても近くに感じられた。草が生えている方向に沿って，自分も空を下から見上げるような感覚があり，筆者の視線は垂直方向だった。このような劇的な変化を経験しまるで絵画が生きているような印象を受けた。そして同時にその命は鑑賞者としての自分が時間をかけて吹き込んだのだという実感もあった。美術館で絵を鑑賞するという行為がこれほどまで生き生きとした経験になるということを初めて学ぶことができた。

　授業後の帰り道はいつも世界が違って見えた。まるで雨上がりの後のように，あらゆるものがより鮮やかにくっきりと見えるのだ。最近瞑想やヨガなどでもマインドフルネスの境地が注目されているが，芸術作品の前で心を開き言葉にしていくという行為は，自分の呼吸や身体に注目することとはまた違ったレベルの深さがあるようだ。

　絵画を前にして初めは極めて限定的であった筆者の第一印象が，時間をかけ他者とやりとりする中で少しずつ言葉を得て，新たな発見につながっていく。この過程そのものに喜びがあり，地に足がつくような安心感が生まれる。そして自分自身が絵画の世界に吸い込まれてその一部となるような，自分自身が絵画に命を吹き込み自分の一部にするような不思議な経験をする中で，初めて見えてくるものがある。感情により理性的な判断が邪魔されるどころか，世界はよりくっきりとはっきりと見えるようになるのだ。このように，美術館では，自分の感情に注目し言語化することの可能

性を最も安全かつ魅力的な形で学ぶことができる。

２．文章創作（creative writing）

　創造性（creativity）とは何だろうか。ナラティブ・メディスンでは創造性を開かれた態度で既存のものから自由になること，新たな可能性を喜んで受け入れることととらえる（Charon et al., 2017）。病いの経験に限らず誰しもに，複雑で簡単に言語化できないような苦しみの経験があることと思う。その経験を自由な形態で言語化しようと試みることで，これまで縛られていた何かから解放され，新しい見方で向き合えるようになる，これがクリエイティブ・ライティングに含まれる効果である。必修科目の Applied Writing の授業では，文章を書く立場からさまざまな作品を鑑賞しその技巧について考察していくとともに，自ら一歩踏み込んだ文章創作に挑戦する経験を得る。筆者自身は高校生時代に友人を亡くした経験を題材に選んだ。この経験は筆者にとって医師を目指すきっかけとなった重要なものであったが，その重要性にもかかわらずこれまでほとんど言葉にすることができなかった。まずは詩という形で少しずつ言葉を重ねていき，次にノンフィクションに書き直し，そして最終的にはそれをフィクションという形で書き換え，その後推敲を重ねる中で，これまで経験したことのないような自由を感じ，安堵感とともに生きている実感，そして新しい希望すらも感じることができた。

　その他の授業やワークショップでも書くという作業は重要視されている。精読鑑賞の後，クラス内で５分程度時間を計って関連する内容の書き物をするという機会が特に多い。精読後のオープンになった状態で，あれこれ考えこまずにとりあえず書いてみるという作業では，時には書き手にとっても驚くような内容を書いてしまうことがあり大変興味深い。書く・読む・話すという行為の違いにも驚かされる。実際に書いた文章をクラスメイトと共有しコメントをし合う中でもさらなる発見があり，共同作業としての対話のありかたを身をもって学ぶことができる。

3．口述歴史（oral history）

精読鑑賞と文章創作が比較的安全な学びであるとすると，この口述歴史の学びはより応用的，現実的で一歩踏みこんだ内容となる。必修科目であるIllness and Disability Narrativesの授業では口述歴史（oral history）の構造や問題点についてさまざまな角度から学んでいく。アーサー・フランクが指摘するように語りというものは極めて個人的なものであると同時に文化的，社会的なものである（Frank, 1995）。我々は日々，自分たちを取りまく文化の中から語りの構成や比喩の使い方，何を語るべきで何を語るべきでないかなどといったさまざまな要素を学び取り，実践し，他者にも影響を与えている。そして他者の話を聞く時にも自分にとって慣れ親しんだ形で解釈してしまいがちである。この社会的に「好ましい」語り（culturally preferred narratives）からの呪縛を逃れるためにはやはり精読鑑賞（close reading）が重要となる。精読は表向きに表現されているものだけではなくその表現の奥に隠されたものや，表現されなかったものに配慮することで，新たな重要な気づきをもたらすからである。しかしその先にも複雑な倫理的問題が数多く待ち構えている。対話の中にどのような力関係が生まれているか。対話の中で生まれた語りは誰のものなのか。複数源の語りをいかに受け止めるべきか。そもそも他者を「理解」することはどういうことなのか。こういった問題を理論にとどまらず実際に自分の問題として学んでいくために，身近な人に病いの経験をインタビューをし，その過程で生じた葛藤や問題などを考察する課題も重要視されている。はっきりした答えのでないような複雑な議論も多く含まれるが，病歴聴取から始まり常に対話の中で患者さんと接し続ける医療者にとって避けて通れない重要な課題ばかりである。病いの語りを受け取るということについてさまざまな媒体から問題提起され考察を重ねる。

ナラティブ・メディスンの修士課程では，以上の3項目を大きな柱としてさまざまな講義が展開されている。哲学に特化した講義や社会問題に取り組む講義，死をテーマにした講義などもある。質的研究の手法も必修化されており，世界を「新しく説得力のあるやり方で可視化する」プロセスについても学んでいく（Charon et al., 2017）。

筆者自身は，「喪失と語り」というテーマに特に興味をもって取り組んでいる。本稿では詳細を割愛するが，喪失経験の持つ二重構造に注目し，ホロコースト生存者の研究者であるドリー・ラウプや他者論の代表者であるレヴィナスの文献などを用いて，ジョージ・エリオットやイシグロカズオなどのの小説を題材としながら研究を進めている。

V　外国語で学ぶ苦労と恩恵

これまでコロンビア大学のナラティブ・メディスン修士課程の学びについて具体的に述べてきたが，外国語で学ぶ意義についても少し触れたい。

筆者にとって言語は大きな障壁である。大学入学以降まともに英語を勉強してこなかった筆者にとって，読む書く・話す聴くというすべての要素に苦労がある。何をするのにも時間がかかる上，うまく表現しきれないもどかしさや劣等感，孤独感，時には絶望感を感じることもある。しかしその一方，外国語で取り組んでいるからこその強みもある。精読においては，読むのに苦労するからこそ，言語に対してだけでなく，構造やニュアンスなどといった非言語的な要素に対しても感受性が高まりやすく，発見が多い。媒体である言語からより縛られにくいということなのかもしれない。

書くという行為においてもその効果は絶大である。ある程度の不自由さがあるからこそ，シンプルな文章を書くことしかできないからこそ，文章を書くという行為の神髄に触れるような感覚があるのだ。筆者は時には日本語も併用しながら，文章を組み立てたり言葉を探したりしていくが，そこには宝探しをするような楽しい感覚がある。また日本語であれば簡単に書いてしまうことも，英語という異なる構造で捉えなおすことで余計なものがそぎ落とされ，より核心に近づくという感覚がある。村上春樹氏は『職業としての小説家』

（2016）の中で，処女作である短編小説の作成の際，英語で文章を書きなおすという作業が大変有効であったというエピソードを紹介している。これはまさに筆者が味わっている外国語で文書を書くことの醍醐味である。そして実際，苦労して取り組んできた筆者の作品や小論文は修士課程でも高評価を受けている。このことを謙遜するにとどまらず，外国語で苦労して読み書きすることの可能性として受け止め今後も追及していきたい。

VI 将来の展望

修士課程修了後は日本へのナラティブ・メディスンの導入と発展に貢献していきたい。医療者，医療系学生を対象としたワークショップやトレーニングプログラムの設立，患者さんやご家族など病いとそのサポートに関わる全ての方々を対象としたワークショップの開催，そして小中高生などの青少年を対象とした健康教育，の３点を軸に活動していくつもりだ。臨床医である自分の立ち位置を活かしながら，哲学者・文学者・教育学者・社会学者や小説家，芸術家などの協力を得て，実践的で魅力的なプログラムを作っていきたい。日本人医療者として初めての卒業生となるためナラティブ・メディスンに興味を持つ後進の育成にも励んでいく所存である。

VII おわりに

メルロ＝ポンティは前述の『知覚と現象学』（1945）の序章の最後で終わりのない対話（an infinite dialogue）について言及している。対話というものはある目的によって開始され，その目的に忠実に進められる一方で，どこにたどり着くかわからない無限の可能性を秘めている。彼はそれを "the mystery of the world" と表現する。医療者が，文学作品や芸術作品を鑑賞するときのような注意深さと謙虚でオープンな態度をもって患者さんとの対話に臨むことができた時，新しい窓が開く。その窓は患者さんと医療者を新しい風で繋ぎ，新しい世界を見せてくれるだろう。病いという受け入れがたい経験を他者としての医療者と共有す

る中にある希望。これこそがナラティブ・メディスンが医療にもたらす希望の形だと筆者は感じている。この学問により日本の医療や健康教育に新しい風がもたらされることを願ってやまない。

謝辞：今回の留学を開始するにあたり大変お世話になりました，立命館大学の齋藤清二教授，東京衛生病院の杉本正毅先生，早稲田大学商学部のスズキ・トモ教授，そしていつも温かく応援いただいております，志学書店の安川義紀社長，横浜労災病院の西川哲男名誉院長，コロンビア大学の Domenico Accili 先生，また日々ご指導いただいておりますコロンビア大学の Rita Charon 先生，Craig Irvine 先生，Danielle Spencer 先生，Sayantani DasGupta 先生，Nellie Hermann 先生，Frick 美術館の Rika Burnham 先生に，この場をお借りして深く御礼申し上げます。

文　献

Charon, R., DasGupta, S. & Hermann, N. et al. (2017) *The Principles and Practice of Narrative Medicine.* Oxford University Press.（斎藤清二・栗原幸江・齋藤章太郎訳（2019）ナラティブ・メディスンの原理と実践．北大路書房．）

Frank, A. (1995) *The Wounded Storyteller: Body, Illness and Ethics.* University of Chicago Press.

Gerteis, M., Edgman-Levitan, S. & Daley, J. et al. (1993) *Through the Patient's Eyes: Understanding and Promoting Patient-centered Care, 1st ed.* Jossey-Bass.

Merleau-Ponty, M. (1945) *Phenomenology of Perception.* (Trans. by Landes, D. (2014) Routledge.)

村上春樹（2016）職業としての小説家．新潮文庫．

Levinas, E. (1969) *Totality and Infinity: An Essay on Exteriority.* (Trans. by Lingis, A. Duquesne University Press.)

斎藤清二（2014）関係性の医療学—ナラティブ・ベイスド・メディスン論考．遠見書房．

Toibin, C. (2007) *One minus one; Mothers and Sons.* Scribner.

ナラティブ・メディスンは聴覚優位なのか？

宮本紘子 *

* 大阪大学医学部医学科

本稿では日本におけるナラティブ・メディスン受容について「話す聴く」「読む書く」の対比をもとに論じる。本稿の流れは以下である。まず，日本では一般にナラティブ・メディスンが「話す聴く」に強く関係する分野だと思われやすいが，アメリカのナラティブ・メディスンは「話す聴く」という側面と同等に「読む書く」という側面を重視してきた。両者のこのようなずれはおそらくナラティブ・メディスンが日本で受容される際に生じたと考えられる。私はその（ひとつの）原因として，「臨床」概念や医学コミュニケーション教育で，「聴くこと」が重視されてきたことを仮説として挙げる。そして（やや飛躍するが），聴くことのみを重視する医学教育の実践には問題があると考えられる。したがって，日本でもナラティブ・メディスンに「読む書く」という側面から取り組む必要があるのではないかというのが筆者[注1]の趣旨である。

これを読まれているのはナラティブ・メディスンという言葉にピンときた，あるいは，ナラティブ・メディスンに関心のある方だと思う。そこでまず，日本においてナラティブ・メディスンはどのように取り上げられているかを眺めてみようと思う。

『ナラティブ・メディスンの原理と実践』（Charon & Marcus, 2016）の出版社のウェブ上の紹介では「ナラティブ・メディスンは，全ての診療において必要とされる『語ることと聴くこと』から生まれる感情と間主観的関係の重要性を強調

する。それは患者と医療者，学生と教員，そして彼ら全てと社会を強く結びつける。人文学と医学を架橋するリタ・シャロンらによってコロンビア大学に創立された医療者のための全く新しい教育法の全貌が，今ここに明らかにされる」と紹介されている。

また小森康永氏による『ナラティブ・メディスン入門』は，同じく出版社のウェブサイト上の紹介では「病に苦しむ人達にとって，それがどんな体験かを自分自身が知ること，その苦境を人に知ってもらうことが切実な問題となる。ナラティブ・メディスンは，医療従事者が患者の病いの物語を

注1）本論の前に留保したいのが，筆者は医学生であり，コロンビア大学の大学院教育の一環としてのナラティブ・メディスンに触れる機会はありつつも，医学教育実践としてのナラティブ・メディスンに関わった経験はないことだ。私は実践と理論の両面があるナラティブ・メディスンの少なくとも半分を知らないと言えるだろう。にもかかわらず，自分が「わからない」領域について書こうと思ったのは，ナラティブ・メディスンがさまざまな解釈をゆるす（むしろ「解釈とともにある」ような）分野だからこそ，自分が医学生として感じた「ナラティブ・メディスン」について形に残すことに一定の意味があると感じたからである。

はじめに原稿の依頼をいただいた際，私はこれが「メディカル・ヒューマニティとナラティブ・メディスン」という特集に「医学生の視点から」というテーマで掲載されるとお聞きした。そこで私は，ナラティブ・メディスンがメディカル・ヒューマニティーズとしていかに日本で受容されてきたかを私の目線から描こうとすることで，これに挑戦しようと考えた。以下，本稿の議論には一本道でない点や私自身の課題に「逸れる」点があるが，ナラティブの多様性を担保するものとしてご容赦いただければ幸いである。

聴き取り，理解し，誠実に寄り添うための能力を育てることを提唱する」とされている。

　いずれも，ナラティブ・メディスンが紹介される際に「語ることと聴くこと」「聴き取ること」がキーワードとされているのがわかるだろう。これはなぜだろうか。結論をやや先取りするが，私は，これはナラティブ・メディスンが紹介される際に「臨床」の概念が重視されてきたことのあらわれだと考える。

　ナラティブ・メディスンがいかに受容されたかを「読み書き」の観点から論じる前に，なぜ／どのようにナラティブ・メディスンとそれに連なる「ナラティブ」のムーブメントが「話す聴く」に劣らず，あるいはそれよりも「読み書き」を重要視してきたかを述べなければならないだろう。

　先にあげた『ナラティブ・メディスンの原理と実践』はリタ・シャロンをはじめとしたコロンビア大学のナラティブ・メディスン学科の教師らによる著作であり，そこでは「読み書き」がナラティブ・メディスンの実践に重要かが述べられている。例えば，以下は，生命倫理におけるナラティブ・メディスンの実践で必要とされる物語倫理(物語能力を通じて実践される倫理)について述べている箇所である。

　　物語倫理に必要とされる物語能力を発達させる方法の一つは，文学研究および精密読解の技能の発達によるものである。物語の語り手がどうして現在の状況にあるのかを理解することを目的として患者の物語に耳を傾けるには，文学的なテクストを読解する際に用いられるものと同一の物語能力が必要となる。…（中略）…私たちはナラティブ・メディスン──精密読解，創造的執筆（creative writing），他人の書いたものへの応答，共同で物語を構成すること──を教えることによって物語倫理を教える。テクストを読むことだけでなく，それについて語ることと，それについて語ることと，その影響下で執筆することが，学習の報酬を獲得するためには読み手に必要だと思われる。物語倫理家を作り上げる中で，前述のものと同様の観察力と意味づけの能力は，精密読解者と執筆者によって達成されるものであり，患者とその家族と臨床家，そして，より広い共同体についての意味生成を心に描き，それらを総合するための必須の装備である。一度でも精密読解者（close reader）となるために学習したことのある者は，精密傾聴者（close listener）となるだけの能力をもつ。執筆における表現の技能を一度でも高めたことのあるものは，彼らがケアし，文章化された物語へと構成しようとしている語りの持ち主である患者に対して，この技能を貸し与えることができる。(Charon & Marcus, 2016)

　ここで重要なのは読み書きの大切さは絶対的なものではないということだ。精密に読むということの重視が，書くこと，読むことの大切さに間接的につながっている。精密に読むこと，細心の注意を向けること，の一部として「書く」「読む」ことが重視されているのだ。

　　ナラティブ・メディスンでは，登場人物の行動，ニュアンス，その物語がどのように語られているか，視点，時間の展開，トーン，イメージ等々に対して細心の注意を向けるということが…（中略）…患者，同僚，職場の構造と自分自身との間に生まれる経験のダイナミクスから（審美的関与を通じて）より多くのことに気づくような物事のとらえ方の習慣を育むこととなる。…（中略）…人が誰か他の人の物語の何を聞くかということは，その人自身の経験や心の状態しだいなのだという認識はすべてを変えうる──文化を変えうるのだ。「この患者の物語の中で，私はどこにいるのだろう？」そして「医療の物語の中で，私はどこにいるのだろうか？」という問いは，絶えず繰り返されることで，そして誠実に尋ねられることで，医療の様相を変えうるのである。(Charon & Marcus, 2016)

　実際に医学教育について，コロンビア大学医学部では選択科目としてパラレル・チャート（医学生が実習を通じて自らの思いについて「カルテと並行した記録」として書き表す試み，またそれを用いた教育セッション）を用いた医学教育が実施されている。

　また，こうした医学教育の実践を支持する根拠として「Structural Competency（構造的な能力）」

が提唱されている。これは，臨床現場におけるスティグマと不平等に対処するために，構造的な力への認識を促すことの重要性を認識するものである。注意したいのは，構造的な能力は対人コミュニケーションを否定するものではないが，対人コミュニケーション万能論に対してはむしろ警鐘を鳴らす概念であるということだ。過度な対人コミュニケーション偏重は社会的な問題を心理化・個人化する危険をはらんでいる。

　次に，「臨床」概念とはなんだろうか。ここで総括的な概念史をなぞることは専門外の筆者の範疇を超えるため，かいつまんで紹介する。哲学者の中村雄二郎（1992）は科学の知に対比されるものとして臨床の知を提唱し，それを「科学の知は，抽象的な普遍性によって，分析的に因果律に従う現実にかかわり，それを操作的に対象化するが，それに対して，臨床の知は，個々の場合や場所を重視して深層の現実にかかわり，世界や他者がわれわれに示す隠された意味を相互行為のうちに読み取り，捉える働きをする」（中村，1992, p.135）と定義した。また鷲田清一（『「聴く」ことの力』1999 年）は臨床哲学を定義するこころみの中で「『現場』ということばでしばしば語られる場所とは，このような複数の主体が共時的な相互接触へとさらされる場所のことである」と定義している（同書，第 2 章 1）。

　このように「臨床」とは（定義・実践するものの背景や志向によって差異はあれど）従来の伝統的な科学知や哲学知とはことなるものとして常に定義・実践（理論と実践の両面により定義）されてきた。

　ところで，文化人類学者の池田光穂[注2] は伝統的哲学やコミュニケーション研究が視覚優位の伝統を取ってきたことへのアンチテーゼとして臨床哲学・臨床コミュニケーション論があり，したがって臨床哲学はそうした戦略的な理由によって聴覚優位（聴覚重視）となっている，と論じている。

　加えて，科学の知に対する臨床の知の特徴として能動優位から受動優位への移行[注3]，そして書き言葉から話し言葉への移行がある。きわめて簡単に図式化するなら，伝統的哲学によるヒエラルキーの逆転による逆説的なヒエラルキーにより，書く，読む，話す，聴くはこの順で「重視されなく」なったのだ。

　中村も先述の書『臨床の知とは何か』で次のように述べている。

　　こうして，科学の知と技術文明が前提としてきた単純な〈能動〉の立場が，根本的に問われることになった。そのような能動の立場は，人間の生存基盤を含む存立基盤──つまり第Ⅲ章第 2 節の最後で述べたさまざまな〈場所〉──を脅かすばかりでなく，人間の知の重要なもう一つの半面，あるいは側面を生かしていない，ということが次第に明らかになった。この半面は〈受動〉を大きく包み込んだもの，相互作用を含んだものであるため，それを生かした〈臨床の知〉は，もっぱら〈能動〉的な知，機械論を原型とする科学の知にくらべて定式化しがたく，モデル化しにくい。しかしそれでも，今日ではわれわれは，近代科学の知との対照において，その輪郭を浮かび上がらせることができるようになった。

　このように臨床哲学・臨床コミュニケーション論は常に伝統哲学との対立のなかで育まれ，聴覚優位の戦略を取ってきた。それではナラティブ・メディスンにおいて「臨床」はどのように取り上げられているだろうか。斎藤は『医療におけるナラティブとエビデンス』（2016, pp.17-18）にて，EBM（エビデンス・ベイスト・メディスン）と NBM（ナラティブ・ベイスト・メディスン）[注4] の統合をどう意図するのかという問に「EBM も NBM も，『個々の患者に最大の幸福をもたらすことを目的

注2）池田光穂「臨床コミュニケーション研究における〈聴覚優位〉の問題」http://www.cscd.osaka-u.ac.jp/user/rosaldo/060518genba01.html （閲覧日；2020 年 11 月 17 日）

注3）ただし，臨床の知が科学の知に対して相対的に受動優位だからといって，受動＝臨床の知ではないことに注意されたい。中村は同書で，臨床の知はむしろ「能動と受動との一見矛盾した結びつき，〈受動的能動〉というかたちでしばしば言われてきた両者の結びつき」（p.137）を特徴とし，それは人間の行為の身体性に支えられていると述べている。

とした，医療・医学における理論と実践の複合体である』と述べている。これはナラティブとエビデンスを統合するための指針として「患者の最大幸福」を用いるという意味で「臨床（床に臨む）」的な考え方といえるだろう。

筆者は，ナラティブ・メディスンの受容の際に臨床概念が重要な位置を占めていたのではないだろうかと考える。そして，それによってナラティブ・メディスンの受容の際にそれを「臨床の技法」であると捉えがちになったのではないか。もちろんこれは誤りではなく，先の斎藤の指摘の意味での「臨床」だけではなく，従来の研究では扱えない領域について学問的に追求し，同時に実践するという意味で，ナラティブ・アプローチを医療に用いる試みはきわめて「臨床的」である。しかし，そのことで本来「読む書く・話す聴く」すべてにわたるナラティブ・アプローチの領域のうち「読む書く」の領域が（戦略的にせよ，無意識的にせよ）やや見過ごされがちになった可能性は否定できない。

果たして，ナラティブ・メディスンの日本の紹介・受容プロセスを通じて「話す聴く」の側面は強調されがちなのだろうか。考察の端緒として，同様の議論がなされている斎藤の著作を参照したい。ここで斎藤は（当時）現役医学生であった藤田（2012）の論考に対する反論として，NBM が「話す・聴く」の面でいかなる実践であったのかについて触れている。

藤田は「第一に，NBM では診断をつける病歴聴取のために患者の物語りを用い，物語りによって患者の内面を聞き出そうとする側面がある。第二に，医療者が患者の物語りを聴くことの侵襲性に対して無頓着になりやすい。第三に，患者の物語りが，恣意的によいものと仕立てられる傾向にある中で，NBM の実践によって患者の物語りが常によくなるとは言えない。また，患者の語れなかったことを隠蔽することで病いの物語りの一貫性が保たれている。結論として，医療者が患者の物語りを医療者の仕事に利用しようとし，NBM を盲信して実践することで，患者の物語りが色褪せかねない」の3点について述べ，「NBM の問題点」を指摘した（藤田，2012）。これに対する斎藤の応答で「藤田が NBM の抱える問題として提起したことがらのほとんどは，NBM 自身が最も重要視している問題でもある。…（中略）…藤田が指摘する問題が簡単には解決できない，医療における最重要問題であり，ナラティブ・アプローチを医療において実践しようとする者の全てが，常に自省し議論を続けなければいけない問題である」（2014, p.28）と述べられている通り，これは NBM の問題というよりもむしろ，医学生や医学教育にかかわるものが NBM を表面的に受容する過程で生じがちな誤解であるように思われる[注5]。

一歩，論をすすめて，藤田の主張に妥当する点があるとすれば，それは既存の医療システム（およびその一部としての医学教育システム）に NBM が表面的に受容されやすい[注6] 理由がまさに藤田

注4）本来ナラティブ・メディスンはアメリカを中心に起こった理論・実践であり，ナラティブ・ベイスト・メディスン（NBM）はその流れと前後して生じたイギリス中心のナラティブを重視したムーブメントで，ルーツが異なる。前者は医療における構造的な問題に着目しつつ，社会的公正を実現するための運動的色彩がやや強く，一方後者は（医療における実践の原理である）エビデンスに基づく医療＝ EBM（エビデンス・ベイスト・メディスン）との関係において論じられることが多い（NBM は EBM を提唱してきたイギリスの総合診療医（GP）から提案された）。このように両者は本来，似ていながら別の背景を持つ理論・実践だが，本論では日本で両者が混然一体となって受容されてきていることを考え，あえて両者を厳密には区別していない。

注5）現に斎藤も同論考中で「現在のところ，NBM の教育が医学教育カリキュラムの中に系統的に取り入れられている例はそれほど多くないので，多くの医療機関ではそのような誤解（引用者注：「医療におけるナラティブ・アプローチが，単なる病歴聴取の技術と見なされていること」を指す）のもとに病歴聴取の教育や実習が行われている可能性は否定できない」（p.19）と述べている。なお，NBM，NBM と EBM，医療におけるナラティブ・アプローチなどの趣旨で，斎藤は富山大学，札幌医科大学，大阪市立大学の3つの医学部で10数年にわたって，年に1度，3時間程度（2コマ）の講義を毎年行っていた。

注6）補足するが，表面的な受容が悪というわけではない。"古典的な"パラダイムに基づいた「臨床」コミュニケーション教育であったとしても，考える端緒になることは十分にありえる。

の指摘する３点にあらわれていることかもしれない。その例のひとつに藤田自身も引用していたコア・カリキュラムにみられる医療コミュニケーション教育（後述）があげられる。

　以上の議論を踏まえて，ではなぜ，それにもかかわらず，NBM は表面的には「聴く・話す」技術として理解されがちなのか，またそもそも本当に「話す・聴く」技術として捉えられがちなのかどうか，を考えたい。

　ただ,本稿では「なぜ」と問うたからといってわかりやすい歴史を描き出すことはしたくない。なぜならナラティブ・アプローチの実践と「進歩」はひとつの理論や筋道が支配するヒエラルキー的な空間ではなく，さまざまな領域の実践と理論が互いに影響しあい，ゆるい紐帯をもってつながってきた，まさにポリフォニック（バフチン，2013）なものだからだ。私はひとつの道筋を指すのではなく，いくつかの可能性が点在する地図のようなものを描き出すことで，この疑問に答えることを試みようと思う。

　まず，単に「臨床」の概念の混線だけでナラティブ・メディスンの受容の「上滑り」が生じるものだろうか？

　個人的な印象を述べるならば，ナラティブ・メディスンのワークショップに参加し，かつ留学に参加する中で「読み書き」が軽視されている，あるいは聴覚的な側面が過剰に強調されているとは感じていなかった。しかし，医学生として医学部で教育を受ける中で「話す聴く」が臨床的なコミュニケーション能力として重視されているように漠然と感じていた。これはひとつには，私が OSCE [注7]をはじめとする新しい医学教育を受けて育った世代であることが挙げられるだろう。つまり，

ナラティブ・メディスンではなく現在の医学教育（における臨床コミュニケーション教育・評価）で,話す・聴くが重視されているということだ。この理由が，コミュニケーション能力というハードスキルの呼称とあり方が従来の「医療者（医師）－患者の古典的な関係」[注8] を崩さずに受容可能なものであったためだろう。

　「臨床」概念に代表される聴くことの重視は,古典的な医学パラダイムと癒着しやすい（つまり既存の医療システムによる NBM の受容の際に「表面滑り」をおこしやすい）のではないだろうか。

　まず先程ふれた OSCE の基準であり，藤野の論考でも批判の根拠にあげられていた医学教育のコア・カリキュラム[注9]（達成目標）には医学教育の目標のひとつとして「A　医師として求められる基本的な資質」のうち「A-1　プロフェッショナリズム」「A-3-1　全人的実践能力」「A-4　コミュニケーション能力」などが挙げられている。

　うち「A-4　コミュニケーション能力」の内容は以下のようである。

　A-4　コミュニケーション能力
　　患者の心理・社会的背景を踏まえながら，患者及びその家族と良好な関係性を築き，意思決定を支援する。
　A-4-1）コミュニケーション
　ねらい：医療内容を分かりやすく説明する等，患者やその家族との対話を通じて，良好な人間関係を築くためのコミュニケーション能力を有する。
　学修目標：

注7）厚生労働省が主に医学生の達成すべき目標を定めたものが医学教育モデル・コア・カリキュラムである。なお，医学教育においては CBT（コンピュータによる筆記試験）と OSCE（実技試験）の２つがこの共通のモデル・コア・カリキュラムに基づいて（全国の多くの医学部で）実施され，進級判定の基準とされている。うち OSCE は医学部教育の全体を通しても数少ない臨床の実技試験である。

注8）「これまでの医学・医療において，医療実践とは『患者の持つ疾患をできる限り性格に診断し，確定した診断にそった治療を行うこと』と考えられてきた。この考え方に従って，患者－医療者間の言語的交流は，診断のために患者から情報収集を行う“問診（いわゆるアナムネ）”や，治療方針を受け入れさせるために患者を説得する“いわゆるムンテラ”などからなるものとされてきた。しかし，すでにこのような考え方は古いものとなり，現在では，患者と医療者の交流は『医療面接；medical interview』と呼ばれている」（斎藤，2014，p.19）。
注9）「医学教育モデル・コア・カリキュラム　平成28年度改訂版」https://www.mext.go.jp/component/b_menu/shingi/toushin/__icsFiles/afieldfile/2017/06/28/1383961_01.pdf（閲覧日：2020年11月17日）

①コミュニケーションの方法と技能（言語的と非言語的）を説明し，コミュニケーションが態度あるいは行動に及ぼす影響を概説できる。
②コミュニケーションを通じて良好な人間関係を築くことができる。
③患者・家族の話を傾聴し，共感することができる。

　ここには「コミュニケーション能力」が何を指すのか，あるいはコミュニケーションとはなにかといった事項は語られておらず，あくまで将来の医師として必要な目標が述べられている。しかし，「「医師として求められる基本的な資質・能力」の実質化学修により獲得可能なものであることを明確にするために「資質」から「資質・能力」へと改めた」（前掲書，p.7），また「＊B-4 医療に関連のある社会科学領域を追加し，１）医師に求められる社会性に「文化的社会的文脈のなかで人の心と社会の仕組みを理解するための基礎的な知識と考え方及びリベラルアーツを学ぶ。臨床実践に行動科学・社会科学の知見を生かすことができるよう，健康・病い・医療に関する文化人類学・社会学（主に医療人類学・医療社会学）の視点・方法・理論について，理解を深める」というねらいを示した上で，行動科学・社会科学の基礎についての学修目標を含めた」（前掲書,p.10）とあるように，人文科学，とりわけ文化人類学や社会学を学ぶことが患者との関係を再考するために必須だという認識のもとに制作されているように思える。
　しかし，これでは「物足りない」と私は思った。思うにそれは，「達成目標と身につけるべき能力」というシステム・形式それ自体に学習や理念のあり方を規定する能力があるからではないだろうか。いわばここでは，形式と内容が「綱引き」をしているようなものなのである。
　いくつものすぐれた実践がそうであるように（心理療法に例えるとわかりやすいが古くはフロイト，新しくはオープンダイアローグなど），新規な実践を理論のみによって理解することはむずかしい。しかし私はそこから踏み込んで，NBM は理論によってむしろ誤解されやすいのではないか，

と思う。この例示として，詳細は後述するが，ナシア・ガミーを挙げる。彼は精神医療（および医療全般）についてサイエンスとアートを峻別してBPS（生物－心理－社会）モデルを排することを主張した。その際，興味深いことに彼の考えを口頭で発表した際と書籍への批判をうけた際の温度差に言及している。

　この本で述べた考えについて私が講演を行ったときには，ほとんどの場合その反応はポジティヴなものであったということは付け加えておきたい。それは，一部の読者の批判とは対照的であった。もしかすると，私は文章にするより口頭で話すほうが，自分の考えをうまく表現できるのかもしれない。あるいは，聴き手というものは，人の語ることに耳を傾けなければならないものであるが，読者は読んでいるふりをすることができる，そういった違いによるものかもしれない。（ガミー，2012，pp.iv-v）

　私の大学では NBM を基幹に据えたコミュニケーション教育は（そして今回，取り上げた狭義の医学概論教育も）行われていない。その際に私個人が受けた印象は（やや暴言をお許しいただけるなら）「薄い」というものだった。正直な感想を述べるなら，少なくとも私も含めた周囲の学生は医療コミュニケーションや良好な医師－患者関係を築くことを重要だと思いつつ，ナシア・ガミーが『現代精神医学のゆくえ』で取り上げたエンゲルの発言のように（Engel, 1987），すぐれた臨床医はいるがそれは属人的であり，また彼らの技術は普段，学修しているサイエンスとしての医学と遥かに離れた位置にある，と感じていたように思う。要は藤田のいう「『医学教育モデル・コア・カリキュラム』の中には「患者の心理的および社会的背景を把握し，抱える問題点を抽出・整理できる」（藤田，2012，p.63）という到達目標が含まれている。医学生は疾患の鑑別ができるようになるのと同じように，患者の背景を把握できるようになることも求められているかのようだ」（斎藤，2014, p.18）というのと同種の葛藤を感じていたのだろう。カリキュラムをカリキュラムとして文

字で受容しただけでは，医療の構造を問い直すような契機を含む「アート（技術）」をアートとして学ぶことはできないからだ。

ここで改めて「話す」「聞く」が重視された理由とその背景について考えるため，その原因であると予想される3つの「幻想」を以下に挙げる。

・診察室という場所の「幻想」。
・水平な関係という「幻想」。
・「人間的な医師」が「（専門性を脱ぎ捨てた）人間」であり，会話を大切にするという「幻想」。

これらはいずれもしばしばプライマリ・ケアを医学教育の場面で語る際に重視されがちなメタファーであり，同時に「臨床」という言葉につきまといがちなメタファーである。まず診察室という場所で「話を聞く」医師という幻想は，まさに「臨床」ということばとともにうかび上がるメタファーだ。これは先に述べた臨床にともなう「聴く」ことの重視によって強化される。またナラティブが「会話」によるもので「傾聴」による水平な関係性を構築するという幻想が考えられる。しかしここで幻想という言葉を使ったとおり，これらはいずれも幻だ。なぜなら，ナラティブ・メディスンは何かを定義することはできなくとも，それが構造的視点を伴う社会的公正の運動である限り，それは水平な関係性が不可能だという認識に基づいているからだ。

もうひとつは（2つ目の幻想と類似するが）医師が人文学を学ぶことで「専門性を脱ぎ捨てた人間」として患者に向き合い，人格が養われるという幻想である。これは先にナラティブ・メディスンと医学概論について述べたように，「人文学を学ぶことで患者に向き合うための能力が養われる」という意味では真だ。しかし「専門性を脱ぎ捨てる」ことについては疑わしい。なぜなら医師が（医学生であっても）患者と話す際に専門性による思考を完全に排することは難しく，また現実的でないからだ。

ここでメディカル・ヒューマニティーズ受容の困難をあらわす事例として，日本の医学概論教育

を紹介する。医学概論とは「医学の哲学的基礎となる学問体系であり，現実の医療の直視と反省を土台にして歴史的にダイナミックな変化をしながら，医師自らがつねに医学の根源を生涯にわたって問い直し続ける医学の根幹となる敷石のような存在」（藤野, 2015）としてフランスの哲学者アンリ・ベルグソンの研究者でもある哲学者の澤瀉久敬（1904-1995）が取り組んだものである。それはいわば，和製の「メディカル・ヒューマニティーズ」とでもいうべき趣の実践・理論であり，ナラティブ・メディスンと同じように，独創的な実践として医学部の一部で根付いている。医学概論では医師が哲学することの重要性が重視されている。書く，読むことはしたがって，重視されているといえるだろう。医学概論とナラティブ・メディスンはいずれも「人文学による医師の人格の涵養」が掲げられている点，つまりメディカル・ヒューマニティーズであるという点で，共通している。

医学概論とは，「医学とは何か」をつねに根源的に問い直す，「医学の本質を見極める学問」のことであり，その基盤に「人間学」があるということである。「医学は不確実性の科学であり，確率のアートである（W. Osler）」ことは医学界では誰もが知るところであるが，科学とアートの基盤に倫理があり，倫理の土台に「人間学」があることを強調する医学者は依然として少ない。しかし，最近の日本の医学研究の信頼を根底から震撼させている出来事が次々と生じていることを省みると，今こそ「人間学」を基盤とする医学概論の重要性が増している時代はないであろう。（藤野, 2015）

このように医学概論では独自の存在論に基づいて，医学の本質を哲学的に問い直すこと，それを医学生に内面化させることによって科学とアートの土台にある倫理（のさらに根本にある人間学）の教育を実施することを目指している[注10]。これは一見すると「聴く」こととは遠い場所にある哲学的な教育と思えるだろう。しかし同論考の具体

注10）医学概論教育の概略については，京都大学の外山尚吾の示唆をいただいて言語化したものである。

的な教育カリキュラムの項には「医学コミュニケーション」がある。そこではOSCEが単純な診療技術としての聴診の練習になることを危惧しつつ「患者の病気に対する生物医学モデル（bio-medical model）に当てはめて推量する疾患中心の診断学（disease oriented diagnosis）に終始するのではなく，病いは生活そのものであると捉え，患者への共感を通して，患者本人が人生に苦悩する姿を浮き彫りにしながら受容していく「病いの語り（illness narratives）」としての診察学（illness oriented diagnosis）を目標としている」（ガミー，2012）ことが掲げられている。すなわちここにも「聴く」というメタファーの（ある種の）呪縛があるのだ。

　繰り返しになるが，医学概論は日本から生じたメディカル・ヒューマニティーズ実践であり，対してナラティブ・メディスンはアメリカの概念を日本に導入・紹介したものだ。しかし，医学概論と医療コミュニケーションの授業が「臨床的に」矛盾しないのと同様に，ナラティブ・メディスンと医療コミュニケーション重視の風潮は相反するものではない。むしろ，それを推し進めたところにあるのが，双方の目指すところではないか。しかし，それらを統合する視点というものは，それが「臨床的」であるがゆえに先に挙げたような既存のメタファーに縛られ，かつそれが「臨床的」であるがゆえに「カリキュラム」や「到達目標」という形式であらわすことがむずかしいところに，共通した泣き所があるのではないだろうか（そして，だからこそ，この「泣き所」はナラティブ・メディスンの文化翻訳の失敗や文化的な差異として説明されるよりも，臨床に人文学を持ち込むメディカル・ヒューマニティーズ共通の困難として描かれるべきだ）。

　ここで，医師であり哲学者のナシア・ガミーは従来の医学がいかにBPSモデルに「毒されて」いるかを述べている。その過程で，彼は医学がアートであり，サイエンスに回収されない側面があると，エンゲルとオスラーを対比させながら論じる。ガミーの議論は主に精神医学についてのものだが，

このように，医学にはアートの側面がある。そしてそれを認めるならば，医学教育もまたアートを教えるものでなければならない。彼はそこで文学・詩を取り上げる。その根拠として「すべての人文学の根源には，物語やメタファーがある。そして物語やメタファーのほとんどの起源は，何千年も遡る歴史の中で，文学と詩の中にある」（ガミー，2012，p.XXVIII；原注3章4）という点があげられている。このように，文学とは世界を「読む」ためのツールであり，わたしたちは文学教育を通じてその恩恵にあずかっている。

　総括すると，ナラティブ・メディスンの日本における受容は，文学による反省的な想像力（と社会科学との交通点）による「読む書く」という契機が「臨床」概念や日本の医療における「幻想」の側に引きよせられつつ行われたのではないだろうか[注11]。そしてその補助線として，日本由来のメディカル・ヒューマニティーズである医学概論，および，ナシア・ガミーによる現代精神医学批判を紹介した。さらに聴くことの重視が古典的な医学的パラダイムと癒着するがゆえに「上滑り」したNBM理解がなされがちな点について，藤田の論考とそれに対する斎藤の応答を紹介した。

　これはまた，カリキュラムという形式によって伝達することの難しいエッセンスがナラティブ・メディスン双方にあり，それこそが「書く・読む」ことと医学生の実践的能力の育成とのかかわりにあるだろう（かくいう私も，ナラティブ・メディスンについては斎藤氏のセッションとコロンビア大学への短期留学によって経験知を得ているが，医学概論についてはそうした知見がないため推測で語っている）。冒頭に立ち戻れば，こうした言語表現の困難は（間主観的で受動／能動いずれにもくみさない）臨床の知が臨床の知であるがゆえの困難といえるだろう。

　いずれにせよ私たちが確かめられるのは，医療の構造的問題について反省的に確認することの端

注11）総括に際して，東京大学の野上貴裕とのやり取りに示唆をいただいた。

緒は聴く・話す，書く・読むによらず私たちの周りにあること。そして，ナラティブ・メディスンの受容は聴くこととしてだけでなく，常に文学的な想像力に支えられていて，同時に医療への構造的な反省とともに常にあったことである。それを理解するならば，ナラティブ・メディスンは聴く・話すと同等に書く・読むことを自然に含んだ実践であり，それゆえに単に臨床コミュニケーションの技法としてだけでなく広く人文学的な研究・実践にひらかれた試みなのだ。そして臨床概念を単にイデオロギー的に捉えないならば（池田，2009），ナラティブ・メディスンのうちに含まれる書き言葉，能動的な表現の要素は，けっして「臨床」からの後退ではなく，むしろ創造の契機である。

　最後に，ナラティブ・メディスンやメディカル・ヒューマニティーズ教育が医学部生や医学教育にどのような意味を持ちうるだろうか。それは哲学的な原理のみでも，また臨床知的な実践のみでも駆動しないやわらかい理論を可能にする運動だ。ひとつ確かなことは，つまり医学教育を考える，とは医学のあり方を再考することだということだ。医療は人類学者，社会学者，その他，哲学など，さまざまな議論の土台であり続けてきた。また，医学生にも「知識では乗り越えられないこと」のための知は必要とされている。私はナラティブ・メディスンとは，これらを架橋し，協働の土台をより強固にするためのやわらかい枠組みだと思っている。

文　献

バフチン，ミハイル（桑野隆訳，2013）ドストエフスキーの創作の問題．平凡社．
Charon, R., DasGupta, S. & Hermann, N. et al. (2017) *The Principles and Practice of Narrative Medicine.* Oxford University Press.（斎藤清二・栗原幸江・齋藤章太郎訳（2019）ナラティブ・メディスンの原理と実践．北大路書房．）
Engel, G. L. (1987) Physician-scientists and scientific physicians: Resolving the human-science dichotomy. *The American Journal of Medicine,* 82; 107-111.
藤野昭宏（2015）医学概論とは何か―その歴史的意義と使命．産業医科大学雑誌，37(4); 273-291.
藤田真弥（2012）ナラティブ・ベイスト・メディスン再考．生命倫理，22; 60-66.
池田光穂（2009）臨床概念の再検討．In：西村ユミ編：サイエンスショップにおける臨床研究の可能性に関する基礎的研究：日本における社会的・倫理的課題の検討．第16回ファイザーヘルスリサーチ財団研究成果報告書．大阪大学コミュニケーションデザイン・センター，pp.56-66.
小森康永（2015）ナラティブ・メディスン入門．遠見書房．
ガミー，ナシア（山岸洋ほか訳，2012）現代精神医学のゆくえ．みすず書房．
中村雄二郎（1992）臨床の知とは何か．岩波新書．
斎藤清二（2016）医療におけるナラティブとエビデンス[改訂版]―対立から調和へ．遠見書房，pp.17-18.
斎藤清二（2014）ナラティブ・ベイスト・メディスン再論．In：関係性の医療学―ナラティブ・ベイスト・メディスン論考．遠見書房，pp.13-30.
鷲田清一（1999）「聴く」ことの力―臨床哲学試論．阪急コミュニケーションズ．（引用は［キンドル版］による）

文学・芸術・哲学と医学教育

——より人間味のある医療をめざして

小比賀美香子 *

* 岡山大学大学院医歯薬学総合研究科総合内科学

I　はじめに

とある夜間救急外来での一コマ。痙攣発作で運びこまれた男性の妻に，医師が言った。

「ご主人の検査結果です。これが頭の MRI ですが，この画像のこの部分，左の側頭葉ですね。9割以上の確率で，悪性の脳腫瘍，グリオーマ（膠芽腫）です。平均生存期間は 11 カ月。ひとまず入院して……（妻の耳には入らない）」

妻の顔が，みるみるうちに強張り，蒼ざめていくが，医師は気づかないようだ。妻の頭の中では「11 カ月」がぐるぐると木霊し，そしてこの言葉と，医師の金属製の眼鏡の向こうにある，冷たく鋭い眼光だけが記憶に残った。

＊　　　＊

脳腫瘍と診断された男性は，外科手術，化学療法，放射線療法，免疫療法を受けて，しばらく容態は落ち着いていた。仕事にもゆっくり復帰し，順調にみえた。が，現実は残酷である。発症して数年経ち，再発。放射線療法を繰り返した。この日，医師はその前の週の検査結果を説明するため，妻だけを病院に呼び出した。

「ご主人の先週の検査結果です。この部分ですね。また再発と思います」

妻のからだに力が入る。パソコンを見ながら，医師がさらに言った。

「これ以上の放射線治療は無理です。ご主人も，もう受け入れが必要です。これからは緩和ケアに移行していかないと……（妻の耳には入らない）」

その時，妻の頭の中には，以前インターネットで見た，グリオーマの 5 年生存率 10%未満のグラフが，消しても消してもちらついていた。夫の死が近づいていることを，つきつけられた。

上記のような，医師と患者家族，あるいは医師と患者のやり取りは，医療現場ではありふれている。医師は常につとめて冷静に，病状を説明し，診療するようトレーニングを受けている。筆者も研修医時代，「医師は患者の前で涙を流してはいけない」など，患者の前では感情を抑えるようにと教えられた。上記の場面に登場する医師も，つとめて冷静に事実を伝えるという医師としての任務を全うしたに過ぎない。しかしながら，このありふれたやり取りに，もの足りなさ，冷たさ，モヤモヤを感じるのは筆者だけであろうか。

本稿では，「医療と人文学」として，「日本の医学教育における実践」を述べていくが，まずは現代医学，そして医学教育の現状，問題点を論ずることを導入としたい。

II　「心身二元論」から発展した現代医学とその問題点

科学を基礎にした現代医学は，「心身二元論」から発展したとされる。二元論は 17 世紀のルネ・デカルトまで遡る。デカルトは，人間を「身体」（科学の研究対象）と「心」もしくは「魂」（哲学と宗教の研究対象）の 2 つに分けて考えた（ヘル

マン，2018）。人間を「もの」として捉え，疾患を物質系の故障として理解する方法により，現代医学は発展を遂げた。現代医学の目覚ましい発展による恩恵が多大であることは間違いない。しかし，「心身二元論」から発展した現代医学は，身体的な異常に焦点を当てた結果，患者の人間的側面を軽視しやすい傾向となったとされる（ヘルマン，2018）。医療はサイエンスとアートから成るとされるが，サイエンスが飛躍的に発展した一方，アートは後れを取った。

　医療人類学者のアーサー・クラインマン（1996）は，著書『病いの語り』において，医療者は疾患（disease）として扱う事象を，患者は病い（illness）として生きるという見方を提唱した。同じ事態に対して，医療者，患者それぞれが異なる物語を持っており，いずれもが医療にとって重要である。疾患（disease）は，身体的な不調・故障で，近代医療の枠組の中で定義され，医師の判定により決められる。客観的であり，治療（being cured）の対象となる。一方，病い（illness）は，患者の個人的な苦悩体験で，患者の心と身体で経験され，その人の属する社会や文化の影響を受けやすい。主観的であり，癒し（healing）の対象となる。エリック・J・キャッセル（1981）は，病い（illness）を患者が医者に行くときに感じているもので，人間が所有する何かとし，疾患（disease）を患者が診察室からの帰り道に所有するもので，器官が所有する何かとした。現在の臨床現場では，冒頭の医師と患者家族のやり取りにあるように，疾患（disease）へのアプローチが主流である。医師は，疾患（disease）についての説明に時間をかける。ところが，医師が，患者の病い（illness）の語りや患者家族の語りを聴く機会は，意外と少ないのである。医学教育においても，同様に疾患（disease）へのアプローチが重要視されている。教室での講義や，患者と接する臨床実習においてでさえ，疾患（disease）に関する内容が中心である。例えば，「医療面接」を例にとってみると，医学生や研修医は，疾患（disease）の診断をつけるために，系統だった病歴聴取のトレーニングを受ける。一方，病い（illness）へのアプローチについては，患者さんに「共感して傾聴」するよう簡単に指導されるのみで，共感が単にスキル化し，うわべだけの共感になっているのではないかと問題視されている。医師が，真に共感できていないのに，「おつらいですね」「そのように感じていらっしゃるのですね」と言葉をかけたところで，患者や患者家族がどのように受け取るかは言わずもがなである。このように，現状の医学教育では，病い（illness）の語りを真摯に聴くということに重点を置いた本格的な教育はほとんどなされていない（小比賀，2020）。

　筆者は，医療において，疾患（disease）を対象とする，サイエンスによるエビデンスを重視した標準的治療と，病い（illness）を対象とする，アートによる個別的なアプローチの，両方が重要だと考えている。冒頭の医師と患者家族のやり取りのように，サイエンスを偏重しすぎると，血が通った医療にはなりにくい。ただ残念ながら，臨床現場でも，医学教育においてもアートはあまり重要視されていないのが現実である。今，筆者は，教育機関にいるという立場から，アート領域おける医学教育に着目している。現状の，ほぼ医師のみで医師を養成するという，サイエンス偏重の医学教育の限界，さらには弊害を実感しており，人文学を含む医学以外の分野の人材と共同で行う学際的な医学教育に可能性を見出し，実践を試みている。次章以降で，国内外の人文学を導入した医学教育の現状について，さらに自大学での人文学を導入した医学教育の実践について述べる。

Ⅲ　医学教育における人文学

　2014 〜 2015 年に全米の医学部学生を対象に行った調査では，音楽，文学，演劇，ビジュアルアートなどの人文学に接している医学生の方が，接する機会の少ない医学生と比べ，共感性，感情評価，自己効力感が良好であったと報告されるなど（Mangione, 2018），欧米では医学教育に積極的に人文学が導入されている。米国では約 3 割の医学部で何らかの形で「医療と文学」課程があり，その一般目標と到達目標の例が，グリーンハルら

（2001）により下記のように示されている。

医学部生向け「医療と文学」課程の一般目標の例
・医師-患者関係の課程の一環として患者と医師それぞれの視点の理解を深めること。
・診療技術トレーニングの準備と動機づけを行うこと。
・心理的問題に対する理解と，患者に対する共感を増すことで，これからの臨床実践に備えること。
・人々がどのように意思疎通をするのかをより深く理解すること。
・自己内省と道徳的想像力を刺激すること。

医学部生向け「医療と文学」課程の到達目標の例
・疾患の生物医学的モデルと，病気の生物心理社会的モデルの違いについて議論すること。
・適切な創造的手段を用いて，自分の掲げる理想的医師・患者関係を描きだすこと。
・ある出来事が，視点を変えることでどのように記述が変わり，また解釈に変化が出るかについて仮説を立てること。
・フィクションと実際の患者との体験を比較し，それを考察すること。

　また，McLellanら（1996）は，医学教育に「文学」を取り入れる目的を，道徳的倫理的な論理の立て方を学ぶ，医師患者間でのコミュニケーションを円滑にする，病歴の持つより深い意味を知る，物語る（storytelling）ことの治療的な価値を探る，多文化的な視点を身につける，実地医家としての自己意識を増進する，としている。本特集のテーマである，ナラティブ・メディスン（NM）は北米の医学部を中心に広がっている（シャロンら，2019）が，日本の医学部におけるナラティブ教育の実践については，まだ報告は少なく，自大学での取り組みを含めて，後述する。

　人文学のうち，芸術はどうであろうか。2000年代に入り，欧米を中心に医学教育に「ビジュアルアート教育」が導入され，その教育実践についての報告が散見されるようになった（Dolev, 2001）。2019年のレビューによると，欧米ではすでに約70の医学部で「ビジュアルアート教育」が医学教

育に導入されている。米国の医学部におけるビジュアルアート教育の教育手法は，他学部と合同で行われたり，描画トレーニングを取り入れたり多様であるが，重要な要素は「臨床診断」「共感性」「コミュニケーション」「ウェルネス増進／バーンアウト予防」「文化的感受性」とされる（Mukunda, 2019）。日本では初めて，2016年に岡山大学で医学教育に「ビジュアルアート教育」が導入された（松本ら，2020）が，まだこちらも全国的な広がりをみせてはない。岡山大学での「ビジュアルアート教育」導入については後述する。

Ⅳ　岡山大学での取り組み

　筆者の所属する岡山大学では，医学部教育，また医療者教育に，人文学を導入する取り組みを始めており，医学教育研究として，その教育効果の検証を始めたものもある。ここでは，ナラティブ・メディスン（文学）を中心に，ビジュアルアート教育（芸術），哲学カフェ（哲学）についても紹介する。

1．ナラティブ・メディスン（NM）
　ナラティブ・メディスンは，「病いのストーリーを認識し，吸収し，解釈し，それに心動かされて行動するという物語能力を通じて実践する医療」と定義される。「物語能力」とは，患者の病の体験を物語として理解・尊重し，患者の苦境を共有し，その物語に共感し，患者のために行動することができる能力ともいえる。NMの主要概念は，Attention（注目・配慮），Representation（表現），Affiliation（関係構築・つながり）の3本柱である。Attention（注目・配慮）は，患者が放つ言葉，沈黙，身体状況に気づく，あるいは自らを空にして他者の意味するところを受けとる道具となることである。Representation（表現）は，認識したものを表現すること，Affiliation（関係構築・つながり）は，表現されたものを共有し，関係を構築することである（シャロン，2011）。

　岡山大学では，2017年度から，総合内科で選択臨床実習をする医学部5〜6年生を対象に，物

語能力を涵養することを目的とした教育を行っている。当科の選択臨床実習では，2〜4人が，4週間の実習中に，外来や病棟で患者さんを担当する。実習中に「ナラティブトレーニング合同実習」「パラレルチャート」という2つの取り組みを実施している（小比賀，2019）。

①ナラティブトレーニング合同実習

　本実習には，第1週と第2週に，2時間ずつ計4時間をもうけた。選択実習中の医学生2〜4人に加えて，薬学部4年生が1〜2人参加する。この実習では，学習目標を，病の体験を「物語」として考える，ことばを使って「意味」を考えるとした。第1週目では題材として写真や絵画を用い，作文を書いてグループ内で共有，第2週目にはシナリオとして小説や詩を用い，作文を書いてグループ内で共有した。学生へのアンケート結果では，良かった点として，「自分の気持ちや内面に目を向ける機会は少ないが，その機会を得ることができた」といった内容が挙がった。また，「普段病棟では患者さんの話を聞いてばかりなので，自分も誰かに話す必要があると感じた」という感想もあった。

学生の作文抜粋（題材は絵画）
〈Aさん〉
「たわむれ」
いちめんの闇
むせかえるほどあかるく
我ゆく先にたちのぼる

うかぶ雲
あるく私ほかにいくものはなく
かれらは我のまわりにおちる

よそみをするとも　あるくとも
ゆきつくさきは　みなおなじ
さすれば我はたわむれん
光と闇と　この雲と

〈Bさん〉
……
女性の足元にある花びらのようなものは散っていった華やかな過去を表しているのではないかと思える。華やかな過去を捨て，静かで地味な未来に向かって歩き出そうとしている女性の姿が表現されていると私には感じられた。
……

②パラレルチャート

　本実習の学習目標は，患者さんとのやり取りを通じて，患者さんの多様な背景に触れる，患者さんの気持ちを考えると同時に，自分の気持ちもふり返るとした。方法は，担当患者さんについて4週間，患者さんの気持ちや自分の気持ちについて文章で表現してもらい，1週間に1回，教官によるフィードバックを行った。アンケート結果では，医師になってからの診療に役立ちそうな理由として「普通のカルテのみだと，自分の気持ちや患者さんの気持ちをついつい忘れてしまいがちだが，一度言語化することで強く印象に残り，無機質な医療が人間味のあるものに変わると思う」というコメントもあった。

Cさんのパラレルチャートより抜粋

　今日も患者さんと他愛のない話をしていたのですが，ふと患者さんが2日後の手術への不安を話してくださいました。手術しなくても薬で良くなるんじゃないかと仰っていて，それでも手術しなければいけないんですか？　と涙ぐんでしまいました。患者さんと1対1でお話ししているときに涙を見せられたのは初めてだったので内心かなり戸惑いましたが，なんとか平常心で不安に寄り添うにはどうしたらいいか考えました。結局あまりいいことは言えなかったのですが，手術が終わって元気になった○○さんをまた見に行きますとだけ言って病室を後にしました。ただ，今回の患者さんの場合，医学的には明らかに手術が必要な状況ということでしたが，患者さんにとっては何事もなくあと数年生きれれば十分とおっしゃられていて，手術の合併症で声が出せなくなるかもしれないということもあり，手術をしたくないという患者さんの気持ちもわかるような気がしました。医学的に正しいことが患者さんにとって本当にいいことかどうかは僕らにはわからないのではないかと思いました。ただ，僕らは医学的に正しいことを信じて治療しなければならない。そのギャップをどう埋めていくかということがこれから先僕の

表1 日本の医学部におけるナラティブ教育実践の報告例

	対象	内容	特徴	課題
鶴岡ら	医学部4年生（地域医療学，総合診療部の臨床実習）	90分の小グループ実習：1．イントロダクション 2．EBM／NBMを合わせたシナリオ症例でディスカッション 3．ふり返りと解説	・物語の重要性の認識 ・臨床知識，スキルの総括の手助け ・気づきと想像力の活性化	・評価方法 ・シナリオ作成 ・EBM／NBMに精通した教育者育成
宮田ら	医学部4年生（臨床入門）	3時間／日×5日間 1．NBM概論，映画教育 2．臨床実践講義 3．患者の病いの語り聴講 4．3の分析 5．Significant Event Analysis演習，パラレルチャート作成模擬演習など	・患者を全体として診ること，患者の物語を尊重して医療を実践することを理解 ・ふり返りを通じた深い洞察	・実際の臨床現場に出ていない段階での患者の想い，考えを想像することの限界 ・継続的教育の必要性
北ら	医学部5年生（総合診療部の臨床実習）	1．外来での臨床経験を題材に，学生・患者の視点から掌編小説を書く 2．共有してディスカッション	・自己の経験をさまざまな視点から振り返る ・自己の物語を相対化	・生物学的検討と心理社会学的検討のバランス
岡山大学	医学部5，6年生・薬学部4年生（総合内科選択実習）	1．ナラティブトレーニング合同実習 2．パラレルチャート	・他学部合同でより多様な視点に触れることができる ・実際の担当患者さんとのやりとりを通して，自己をふり返り，省察する	・評価方法 ・指導者育成 ・消極的な学生への対応

課題になっていくと思いました。

NMの教育手法には，上記のように，精密読解（Close Reading），絵画や写真の鑑賞（Slow Mindful Viewing），省察作文（Reflective Writing），作文の朗読と共有（Reading and Sharing），パラレルチャート（Parallel Chart）などがあり（シャロンら，2019），どの手法にも文学が深く関わっている。これらを医学教育に，さらに適切に取り入れるためには，題材の選定，フィードバックや学習者評価などにおいて，今後は文学や心理学の専門家にご協力頂くことを検討している。

日本の医学部におけるナラティブ教育実践の報告例について，岡山大学での取り組みを含めて表1にまとめた。鶴岡ら（2010）は，医学部4年生にEBM（Evidence Based Medicine）（Guyatt,

1991），NBM（Narrative Based Medicine）（グリーンハルら，2001）注1）を合わせたシナリオを用い，宮田ら（2010）は医学部4年生に計15時間の充実した教育を行い，北ら（2010）は臨床実習中の5年生に小説を書かせて共有した。それぞれ学生に物語の重要性を認識させ，気づきやふり返りを促している。課題として指導者育成や，継続的教育の必要性が挙がった。

2．ビジュアルアート教育

岡山大学では，2016年に日本で初めて，医学教育に「ビジュアルアート教育」を導入した。形成外科での2週間の臨床実習中に，医学科5年生を対象に「ビジュアルアート教育」として，「デッサン美術鑑賞教室」および「県立美術館ワークショップ」の2つの教育プログラムを実施する。「デッサン美術鑑賞教室」は学外のデッサン講師が担当。3時間で，デッサンでは，基本描画法，手術描画法，立方体の表現方法，静物の表現方法を学ぶ。美術鑑賞では，光と影を表現した名画の鑑賞，

注1）EBMは「科学的根拠に基づく医療」のことで5つのステップから成る。NBMは「物語と対話に基づく医療」のことで，医療者と患者との対話を通じて，新しい物語を共同構成していくことを重視する医療と定義される。EBMとNBMは「患者中心の医療」を実践するための車の両輪に例えられる。

図1　「県立美術館ワークショップ」の様子

医学と関連ある名画の鑑賞，学生主体のアクティブラーニング（各自が選択した絵画・彫刻などのアートをグループで鑑賞し，作者の意図，心理的側面，表現方法などを深く討論する）を行う。「県立美術館ワークショップ」は美術館学芸員が担当。2時間でブラインドトーク（2人1組になり，交互にアイマスクをし，アイマスクをしない方が作品についてアイマスクをした人に，言葉で伝えるワーク）や，Visual Thinking Strategies（VTS）という対話型鑑賞法を用いた芸術鑑賞を実践する。

　事後アンケートでは，96.5％の学生が，「ビジュアルアート教育は医学教育で必要」と回答した（松本ら，2020）。

　対話型鑑賞で身につけられる代表的な10項目は，①知的探究心の刺激，②集中と目的意識のある観察力，③体系的かつ論理的な見方，④創造的解釈，⑤問題解決能力，⑥言語化能力，⑦基礎的コミュニケーション，⑧多様性の受容，⑨協働で行う作品の解釈と再解釈，⑩自己対話力，とされている（福ら，2020）。

　筆者も，学生とともに，「デッサン美術鑑賞教室」および「県立美術館ワークショップ」を受講した。絵画を題材とした対話を通して，自分の解釈が変化したり，深まったり，さらに対象および他者，そして自己をも受容していくという，大変興味深い体験をした。

3．哲学カフェ

　岡山大学総合内科では，2018年から若手医療者や医療系学生を対象に，3カ月に1回の頻度で，「哲学カフェ」を開催している。哲学カフェは1992年，フランス・パリのカフェで生まれた。飲み物を片手にあるテーマについて話し合い，ともに考えるというもので，日本では1999年に始まった。対話を楽しむことが重要で，情報交換や合意形成は目的にしない（鷲田，2014）。本哲学カフェの参加者は10名前後で，「理解するってどういうこと？」「理想の死ってある？」というようなテーマについて，哲学者を進行役として，2時間自由に話をする。医療では，病気の診断をつけて治療をすることが重要だが，解決できないことも多く，医療の不確実性，複雑性にも対応していかねばならない。原因のわからない症状や，難治性の疾患を持つ患者さんとも向き合い，その「語り」を受けとめることも重要である。哲学カフェでは，医療者同士のフラットな場での「対話」を通して，患者さんと対話し，語りを受け止める力を養うだけでなく，医療者自身が「当たり前を問い直す」，内省を促すという目的がある。また問題解決型の思考に慣れている医療者にとって「答えのないことを考える」場としての役割を果たしている。

　筆者は世話人として毎回参加しているが，いかに自分が自覚することなく，さまざまな当たり前に縛られているか，毎回驚いている。また何より，対話の力で，自分では考えもつかない，参加者の多様な思考に触れることができ，毎回新鮮な発見と気づきを得ることができる。2020年春以降は，コロナ禍のため，オンライン開催としており，対面とは異なる「対話」が繰り広げられている。

V　今後の課題

　日本の医学部では，問題解決能力や効率性を重視した教育がいまだに主流である。従来の医学教育ではあまり実践されてこなかった，人文学を導入した「アート領域の教育」を展開していく上で，以下の点が課題であると考えている。①サイエンス偏重傾向の考え方から，授業内容に懐疑的で，答えのないことを考えることに慣れない学習者がい

る。②学習アウトカム，コンピテンシーに基づいた学習者評価が難しい。量的評価にこだわらない，形成的評価が中心となる。③教育内容と実際の医療現場には乖離があり，hidden curriculum として，学習者に影響を及ぼす可能性がある。④医師による教育だけでは不十分であり，他の医療従事者，さらには他分野の指導者による学際的教育が必要である。

Ⅵ　おわりに

　冒頭に出てくる，男性の「妻」は筆者自身である。筆者の夫は，筆者同様，医師であったが，脳腫瘍（膠芽腫）を発症，4 年半にわたる闘病の末，他界した。自ら医学に携わる医師でありながら，患者として医学に何度も助けられ，その一方で医学に何度も傷つけられた。悔しかったと思う。腫瘍が再発するたびに，夫がふと見せた，この世に存在する言葉ではとても表現できない「あの横顔」が，筆者の脳裏に焼きついている。患者家族である筆者も，何度も傷つき，いまだにその傷は癒えていない。また山崎ナオコーラ（2016）の小説『美しい距離』の主人公，末期がんの妻をもつ夫と同じように，世間や医療者の「押しつけ物語」に，正直，辟易とすることもあった。冒頭のやり取りは，医師を批判するために書いたわけではない。そもそも，医師の言葉を正確に再現できていないかもしれない。あくまでも筆者の記憶の中での医師の言葉であり，筆者自身の物語になっている。また，筆者自身も自覚なく，医師として，自身が向き合った患者や患者家族と似たようなやり取りをしたことが，間違いなくあるはずだ。筆者を含めた医師の視線がもっと温かくなり，医師の言葉にもっと血が通い，より人間味のある豊かな医療を提供できるよう，人文学と連携した医学教育に期待しつつ，また自身の取り組みも充実化を図りたいと考えている。

文　献

キャッセル，エリック・J（土居健郎ほか訳，1981）癒し人のわざ―医療の新しいあり方を求めて. 新曜社，p.42.

Charon, R.（2006）*Narrative Medicine.* Oxford University Press.（斎藤清二・岸本寛史・宮田靖志・山本和利監訳（2011）ナラティブ・メディスン. 医学書院.）

Charon, R., DasGupta, S. & Hermann, N. et al.（2017）*The Principles and Practice of Narrative Medicine.* Oxford University Press.（斎藤清二・栗原幸江・齋藤章太郎訳（2019）ナラティブ・メディスンの原理と実践. 北大路書房.）

Dolev, J. C., Friedlaender, L. K., & Braverman, I. M.（2001）Use of fine art to enhance visual diagnostic skills. *JAMA,* **286(9)**; 1020.

福のり子・伊達隆洋・森永康平（2020）アートの視点がこれからの医学教育を変える？　対話型鑑賞で鍛える「みる」力. 週刊医学界新聞，第 3379 号.

Greenhalgh, T. & Hurwitz, B.（Eds.）（1998）*Narrative Based Medicine.* BMJ Books.（斎藤清二・山本和利・岸本寛史監訳（2001）ナラティブ・ベイスト・メディスン. 金剛出版.）

Guyatt, G. H.（1991）Evidence-Based Medicine. *ACP Journal Club. A-16. Annals of Internal Medicine,* **114**, suppl.

ヘルマン，セシル・G（辻内琢也監訳，2018）医師―患者の相互関係―ヘルマン医療人類学. 金剛出版，pp.131-158.

北啓一朗（2010）「二つの視点からの物語作成」による医学生の教育. N：ナラティヴとケア，1；61-69.

クラインマン，アーサー（江口重幸ほか訳，1996）病いの語り―慢性の病いをめぐる臨床人類学. 誠信書房，pp.3-37.

Mangione, S., Chakraborti, C., & Staltari, G. et al.（2018）Medical students' exposure to the humanities correlates with Positive Personal Qualities and Reduced Burnout: A Multi-Institutional U. S. Survey. *J Gen Intern Med,* **33**; 628-634.

松本洋・北口陽平・木股敬裕ほか（2020）医学における「ビジュアルアート教育」の導入：第 2 ステップ―アートから診る力，伝える力を養う. 岡山医学会雑誌，**132**; 98-101.

McLellan, M. F., Hudson, J. A.（1996）Why Literature and Medicine？ *Lancet,* **348**; 109-111.

宮田靖志・寺田豊（2010）札幌医科大学における NBM カリキュラム. N：ナラティブとケア，1; 52-60.

Mukunda, N., Moghbeli, N., & Rizzo, A. et al.（2019）Visual art instruction in medical education: A narrative review. *Medical Education ONLINE,* **24**.

小比賀美香子・奥田恭士・奥聡一郎ほか（2019）文学は医療に貢献できるか：物語・文体・認知の視点から. *JAILA Journal,* **5**; 96-107.

小比賀美香子（2020）糖尿病医療学の知の蓄積「晴れの国おかやまで考える医療学」. 糖尿病医療学，**2**; 5-11.

鶴岡浩樹（2010）少人数による NBM 教育の試み. N：ナラティヴとケア，1; 42-51.

鷲田清一（2014）哲学カフェのつくりかた. 大阪大学出版会.

山崎ナオコーラ（20116）美しい距離. 文藝春秋.

メディカル・ヒューマニティとナラティブ・メディスン：§2 医療と人文学

臨床医が英国で医療人文学を学んで
—— King's College London での経験

成井諒子 *

* サーモセルクリニック

I　初めに

筆者は，2013 年から 2014 年にかけて，英国 King's College London の大学院修士課程 'Medical Humanities'（医療人文学）を修了した。そのときの経験を中心に，臨床医として感じたことを書いていきたい。

まず，英国で医療人文学を学ぶことになった背景を含め，筆者の自己紹介から始める。医学部を卒業し研修医を経た後に，外科医として 3 年半働いた。外科医として携わった疾患は，虫垂炎や胆石などの良性疾患もあったが，ほとんどは乳癌，胃癌，大腸癌などの悪性疾患であった。地方の病院で人手が少なかったため，手術だけでなく抗がん剤治療も外科医が行っていた。その中で，たくさんの患者のさまざまな状況に立ち会ってきた。医師とはいえまだ人生経験も少ない 20 代で，患者に人生の重大な局面の決定を促さざるを得ないこともあった。自分の一言で患者の人生の最期が決まってしまったのではないかと感じることもあった。その責任の重さに耐えきれず同僚らに相談したこともあったが，「そういうことを考えると辛くなるからやめな」と言われ，心の中のモヤモヤを一緒に語り合う仲間は見つからなかった。

そんなときに，医療人文学に出会った。日本には医療倫理や緩和医療という分野はあったが，日常診療での医師のあり方について研究しているようなところは見つけられなかった。そこで海外にも目を向けたところ，イギリスに医療人文学とい

う学科を見つけた。主任教授の Brian Hurwitz 教授にメールを書くと，すぐに返事が来た。「私の本は日本語にも訳されているので，読んでみてそれが本当にあなたの学びたいことか確認してください」とのこと。すぐにその本を取り寄せ読んでみると，まさに筆者が経験したようなさまざまな場面での医師患者間の意思疎通，感情的やりとりの難しさについて記してあった。自分が学びたいことはこれだ，と直感した。同時に，日本ではこのような分野が存在しないと諦めていた筆者にとって，すでにその分野の重大性に気づき邦訳し世の中に届けてくれた日本人医師がいたことは，驚きであり，そして大きな喜びであった。

その後，実際に Brian Hurwitz 教授の下で医療人文学を学ぶことになったのだが，筆者が最初に感銘を受けたその本『ナラティブ・ベイスト・メディスン』の監訳者 3 人のうちの 1 人である斎藤清二先生に今回この原稿を依頼されたのは，本当に感慨深く嬉しい限りである。しかし筆者は，学んだとはいえ，その後は臨床医に戻った訳で研究者ではない。この分野の歴史や背景について未だ理解が浅いことは自覚している。間違いもあるかもしれないが，一臨床医が医療人文学を学んで感じたこととして一読していただければ，幸いである。

II　Medical Humanities 科（医療人文学科）での学び

筆者が体験した King's College での Medical

写真1　クラスメイトと

写真2　Brian Hurwitz 教授と

写真3　クラスにて

Humanities 科での学びを紹介する。

　履修期間は1年で，筆記試験はなく，成績は出席，小論文，そして卒業論文で決定される。筆者が履修した年は，生徒は交換留学生を含め12人いた。大学卒業後すぐの者が半数，医療職（医師3人，看護師1人，心理士1人），詩人1人という構成であった。大学での専攻科目は医療系以外では，歴史，文学，自然科学等まちまちであった。年齢は20代が多いものの，60代までわたっていた。ほとんどがイギリス人であったが，アメリカ人が数名，ブラジルからの交換留学生1名（医師），イタリアからの交換留学生1名（心理士），そして日本人1名（著者）と多国籍であった（写真1）。Brian Hurwitz 主任教授は，前述の通り *Narrative Based Medicine* を著した，イギリスにおけるナラティブ医療，医療人文学の草分け的な存在である。彼はもともと大学で歴史学を学んでいたこともあり人文学に造詣が深く，また長い間 GP（一般内科開業医）としても働いていたため臨床医としての知識や経験も豊富であり，そしていつも穏やかで人格的にも大変尊敬できる人であった（写真2）。

1．Core Module（必修科目）

　必修科目は，'Themes and Advanced Skills of Medical Humanities' という題目で，前後期通じ週1回3時間のクラスであった。毎回テーマが決められており，関連資料（本や論文など）を事前に読むことが推奨され，クラスでは教授含め全員で広い机を囲みディスカッションが行われた（写真3）。外部講師が招かれることもあった。また，皆で医療史博物館に行き，中世の医療器具や，その頃の病，病人，死の描かれ方などを見たこともあった。クラスで話し合ったテーマをここにいくつかあげてみる。

Do the humanities make us more humane?（人文学は我々をより人間らしくするのか）：これが初回のテーマで，何のために医療人文学が存在するのか，我々は何のために学ぶのかについて，意見を交わした。

Reading and writing literary criticism（文芸批評）：小説『ベニスに死す』を通じて，生，性，病，死などが人間や社会にとってどういう意味付けをもつものかを議論した。

The impact of war on the expression of illness（戦争がもつ病への影響）：中東に従軍したアメリカ兵士の中で心的外傷を最も強く受けたのは実は無人飛行機を操縦し適地を爆撃する仕事に従事した者だったという文献を読み，罪悪感と心的外傷について考えた。

Literary and Visual (De) formations of the Body

（身体の文学視覚的表現）：17世紀の風刺画家 William Hogarth, 生活と芸術の一体化を目指しアーツクラフト運動を広げた William Morris の人生を通じ，社会と人間の関わりについて学んだ。

Science and Literature（文学と小説）：若年性認知症に侵された女性科学者が主人公である小説 'Still Alice（邦題「アリスのままで」）' を読み，患者の思い，医療に対する期待などを考えた。

かなり幅のあるテーマが多かったが，教授がディスカッションの方向性を決めるということはなく，大きく脱線することもしばしばだった。また生徒たちが，教授に対して「Brian の考えは，すこし偏っているよ」などと名前を呼び捨てで平気で批判的な意見を言うのには驚いた。教授もそれに特に不快感を出すことはなく，冷静に意見を返していた。

ほとんどが英語を母国語とする生徒の中で，課題を何とか読んでくることが精いっぱいだった筆者は，初めは3時間一言も発せずに終わってしまっていた。数週が経過した後，クラスでの白熱した議論が昼食中も続いていたことがあった（10〜13時までのクラス終了後，一部の生徒でランチを食べるのが恒例となっていた）。「やっぱり私はあの意見には納得できない」などと1人が言い出し，議論が再開された。人数も少なくなり教授もいないカジュアルな環境で，筆者は勇気を出して「私はこう思っていた」と，初めて皆の前で意見を言った。すると，1人のクラスメイトが「リョウコ，それはすごくいい意見よ！ なぜそれをクラスで言わなかったの？」筆者が戸惑いながら「私は英語がうまくないし……皆の議論についていくのが精いっぱいで……」などと言うと，彼女はこう言った。「あなたはこのクラスに一員として参加しているのよ。あなたの英語がわからなければ私たちは尋ねる。クラスに参加している以上，意見を言うことはクラスの参加者としての義務（Duty）なのよ」。それまで受け身でいた筆者にとってとても衝撃的な事件であったが，それ以降つたない英語ででも積極的に何か意見を言うようにした。

2．Optional Module（選択科目）

選択科目は，週1回3時間，半年間のクラスを前後期合わせて3つ選ぶこととなっており，筆者は以下の3科目を選択した。

① Narratives and medicine（ナラティブと医療）

生徒は6人というこぢんまりとしたクラスで全員が医療人文学科専攻者，担当は同じ Brian Hurwitz 教授であった。医療におけるナラティブについてより理解を深めていくことを目標とし，Rita Charon, Brian, Arthur Frank などのナラティブ医療分野のパイオニアたちが書いた文章のほかさまざまな文献を読み，臨床医療・医学教育におけるナラティブについて意見を交わした。

② Medicine on Screen（映画における医療）

医療に関する映画のクラスで，映画学科の生徒も多く履修していた。週ごとに「精神病」「ドキュメンタリー」「死」などとテーマが決められ，関連する映画が5〜10程度挙げられており，クラスの中ではその映画の一部のシーンなどを全員で見て議論した。余談だが，筆者が日本人であることがわかると，年配の担当講師2名が「日本人が履修してくれたのは初めてだ。これでクロサワやオヅの話が聞ける！」と歓喜の声をあげた。黒澤明も小津安二郎の映画もほとんど見たことがなかった私は凍りついた。

③ Narrating Illness across Cultures（多文化の中で語られる医療）

文化と医療が互いに及ぼす影響が主なテーマであり，人類学科の生徒も多く参加していた。カミュの『ペスト』から始まり，1960年代のロシアで書かれた 'Cancer Ward'（がん病棟）など時代背景も文化背景も異なる医療小説などが課題図書となり，いかに病や医療が時代や文化と共に変わりうるかを学んだ。中でも印象に残っているのは 'The Spirit Catches You and You Fall Down' という本だ。てんかんを神のお告げと信じている山岳少数民族が，ベトナム戦争後にアメリカへの移住を強いられるのだが，そこで一般的な西洋医療を拒否し続け，医療者患者双方が苦悩する姿が描かれていた。

3．卒業論文

卒論は，最後の数カ月をかけて完成させる。基本的にテーマは自由だが教授と数回話し合いながら決めていく。筆者は，'Where should death and dying be placed in medical practice?'（医療において死をどこに位置づけるべきなのか？）というテーマで書いた。医療，特に筆者が携わってきたがん治療において，その効果判定には一般的に生存期間が用いられる。生存期間の延長，つまり，より長生きできる治療が優れた治療と捉えられ，その点において死は敗北とみなされる。しかし，当たり前だが人間は一人残らず全員死ぬ。生存期間の延長だけを目標に治療をしていると，どこかで切り替えが必要である。切り替えるのは医師なのか患者なのか，死の瞬間の直前まで生を目指すべきなのか，などについて思いを巡らせ書いた。

4．医学部での医療人文学教育

筆者が修了した医療人文学科とは直接関係ないのだが，クラスメイトの紹介で，英国屈指の名門である Imperial College の医学部で行われていた医療人文学の講義を半年間見学させてもらった。Imperial College の医学部では 4 年生の選択科目として医療人文学が設置されており，学年の約 20％がこの科目を履修していた。講師は医療人文学の研究者（非医師）であった。ある日は，患者の闘病記を題材に，講師が「あなたが医師だったらどの患者を一番見たくない？　それはなぜ？」と質問を投げかけ，生徒は自由に「質問ばかりしてくる患者は嫌だ」とか「心の内を打ち明けてくれない患者は嫌だ」などと答え，患者は医療者に何を求めるのかなどを議論していた。以前から医療人文学の考え方が医学教育にどう活かされているかについて興味があったが，臨床現場における解のない問題について活発に議論を交わしあう経験は，若い学生たちが将来医師になった時に必ずや役立つだろうと感じた。

Ⅲ　臨床現場での医療人文学

医療人文学を学んだおかげで，その後臨床現場に戻った際に患者との関係性がとても円滑になった……ということは，あいにくない。ただ，臨床現場のどのような場面で人間としての医療者が求められているのか，ということには少し敏感になった気がする。実体験例を交えながら書いていきたい。

1．人間の多様性

「医学教育には唖然とするようなことがある。その最たるものは，2 年半にわたって，全ての人は同一であるという前提に基づく教育を叩き込まれた後で，今度は全ての人はそれぞれ異なっているという赤ちゃんの時から経験的に分かっていたはずのことを，医学生は自力で再発見しなければならないということである」(Platt, 1965)

整形外科医でもあった作家の渡辺淳一さんは，手術後の患者に「ベッドの上で安静に」と言うと，1 cm も動かぬよう気をつけの姿勢で臥床している者もいれば，ベッドを傾けて少し上半身を上げる者，トイレくらいはいいですよねと勝手に歩き始める者もいて，この個人差を非常に面白く感じ，人間というものを書きたいと思うようになったと記していた。筆者自身も，「食事はまだだめですが水分はいいですよ」と言った時に，すぐに「水分とは？」と聞き返す患者もいれば，「わかりました」と笑顔で答えた後に平気でゼリーを食べている患者もいた。このようなとき，なぜ同じ指示をしているのにちゃんとできないんだ！　と怒り出す医療者が時にいる。しかし，この場合の「ちゃんと」というのは，あくまでその医療者の頭の中にあった正解であって，患者の頭の中にはない。わからなければ聞けばよかったのにと言うかもしれないが，わからないとも思っていなかったりする。また細かく説明したとしても理解しているとは限らない。それぞれ過ごしてきた時間が違うのだから，知識も理解力も違って当然の筈だ。日常生活だって自分が意図したように相手が受け取ってくれないことなど山のようにある。しかし，医療者は，医療現場で毎日同じようなことをして同じように患者に指示をしている中で，「ちゃんと」

できない患者がいると，このできない患者の方が
おかしいと感じてしまうことがある。

　もちろん時に誤解はあるだろうし完全に理解し
合うことは不可能だが，少なくとも医療者は，同
じ言葉が全ての患者に同じように伝わらないとき
に怒りなどと言う感情ではなく，人間が人間を扱
う面白味として感じる余裕を持ちたいものである。

　「患者の個別性を認識すると同時に，医師は以前
　にも増して，自分自身の個別性も喜んで受け入れ
　る」（Charon, 2006）

　また近年，エビデンスに基づいた医療（EBM）
が盛んに叫ばれるようになり，病気ごとにエビデ
ンスに基づいた治療ガイドラインも細かく定めら
れている。患者がこのガイドラインにないことを
希望すると，「エビデンスがある治療を拒否するの
なら，ここにはもう来ないでください。私は診ら
れません」と医師に通院を断られたという話をし
ばしば聞く。もちろんエビデンスに基づく医療は
大切だが，自分の病状を理解納得した患者がガイ
ドラインと異なることを望むというのはありうる
だろう。抗がん剤治療が再発のリスクを下げると
わかっていても，どうしてもしたくないという患
者は実際多くいる。どうも医師の方が，患者の思
いを理解把握している自信がなく，また患者との
信頼関係を構築できている自信がないため，ガイ
ドラインから外れることへの恐怖が強くなってい
るように思う。

2．患者のナラティブ（物語）

　「脳血管障害の発作は残酷かつ不公平で，人間
　関係の絆を断ち切り，子どもから母を奪うもので
　あること，いわゆる危険因子は，なぜ私が，とい
　う問いに満足のいく答えを与えてくれるものでは
　ないということ…（中略）…自然は必ずしも若い
　者の味方をするわけではないこと，打ちひしがれ
　た人生を再構築していく仕事には，どの血管が脳
　のどちら側で破綻したかという詳細な知識は何の
　助けにもならないこと…（後略）」（Greenhalgh &
　Hurwitz, 1998）

　筆者が研修医として老年科をローテーションし
ていたとき，入院患者のほとんどが寝たきりで
意思疎通ができない方々であった。毎日「〜さん，
おはようございます」と挨拶をしながら病室に入
り，聴診し，点滴を刺したりして，「ではまた来
ますね」などと言いながら部屋を去る。患者の表
情は仮面様であり，手を触れたときに反射なのか
意思なのかたまに握り返してくれる。毎日それが
続くと，こちらの方もほとんど無表情で形だけの
挨拶になってくる。そんなあるとき，見舞いに来
ていた患者の奥様が昔のアルバムを見ながら患者
に思い出話を語りかけていた。筆者が病室に入る
と，そのアルバムを見せてくれた。そこには筆者
が毎日見ているその患者の顔とは全く異なる，自
信に満ち溢れ生き生きとし精悍な顔をした男性が
いた。思わず，「え！　これ〜さんですか？」と言
うと，奥様が「そうよ。今とはだいぶ違うかしら
ね」と微笑んだ。

　それまでも挨拶などはして失礼のないようにし
ていたつもりではあったが，その写真を見た後，形
ばかりの挨拶をしていただけで実際この患者が生
き生きと輝いていた時代があったことを自分は心
からは理解していなかったのではないかと自問自
答した。医療者が出会う患者は，すでに「患者」
である場合が多い。心も身体も弱っていて，時に
自分自身で意思を示せない場合すらある。しかし，
当たり前のことなのだが，どんな患者も一人一人
輝いていた時代がある。自分が出会った時の患者
がたとえ弱り切った姿であっても，それは人生の
中のほんの１コマであること，一人一人に家族や
友人と紡いできたかけがえのない人生の物語があ
る，ということを認識せねばならない。患者一人
一人がこれまでどんな風に生きてきたのか，家族
にとっていかに大切な存在であるかを常に心に留
めておくことが，患者や家族にとっての納得のい
く医療に繋がるのではないかと感じる。

3．一方的な価値体系

　「アカデミックな臨床医の主な仕事は，患者に

対する知識を深めることと，生理学や生化学のパラダイムの中で科学的手法を用いて考え，行うことである。もちろん，これらの意図は望ましいものであり，その結果は人類に莫大な価値をもたらしている。しかし，その価値体系は医療のヒューマニズムに対する脅威となりうる。その脅威には，医師が患者を人ではなく物として扱ったり，疾病の明らかなメッセージと患者のじゃまな騒音とを区別するのが臨床的責務だと信じるようになることも含まれる」(Greenhalgh & Hurwitz, 1998)

医師は，医学体系の中で病気を学んできている。患者には単語を簡単なものに変えたり，図などを使ったりしてわかりやすく伝えようとはするものの，医学的価値体系が完全に頭に染みついてしまっていることが多い。その医学的価値体系の中では，症状の原因や治療方針の決定に関連がない話は「じゃまな騒音」と認識される。

しかし，「じゃまな騒音」に穏やかに耳を傾けることが，いかに患者の安心感に繋がるか，いかに場の空気を和やかにするかということはあまり注目されていない。もちろん時間的な制約などもあり「じゃまな騒音」ばかりも聞いていられないのが実情だが，疾病のメッセージとじゃまな騒音を区別し，騒音を排除することこそが本当に医療者の責務なのだろうか。患者が話し始めた瞬間，「その話はいいです。それは病気には一切関係ないです」などとしたり顔で言った場合，患者はどう感じるかと言うことに思いを巡らす医師は少ない。

筆者がクリニックで診ていた患者は，別の大きな病院で抗がん剤治療を受けていたのだが，その抗がん剤の組み合わせが今回なぜ変更されたのかを筆者に聞いてきた。あくまで推測ですがと前置きし考えられる変更理由を話すと，患者夫妻はようやくわかりましたと，とても笑顔になった。「なぜ主治医の先生に直接聞かなかったのですか？」すると，「いや先生，そんな雰囲気じゃないんですよ。私たちが質問していい空気じゃないんです」。唖然とした。もしその医師に問いただしたなら，聞きたいことがあったならいつでも質問してくれればよかったのにと言うのだろうと思う。しかし実

際，患者は聞きたいことを聞けていないのだ。このような事実を医療者側はしっかりと認識し，反省すべきである。

余談だが，筆者が，携帯電話の機種交換に携帯電話ショップに行く高齢の親に付き添って行ったことがあった。店員は，筆者でも理解できないようなスピードで説明した後すぐに同意書を示し，「わかったらここにチェックしていってください。え？　それは私先ほど説明しましたよね？　わかったっておっしゃっていましたよね？　早くチェックしていってください」とかなり高圧的だった。なんでもわからないことは聞くと意気揚々としていた親も，もうそのころにはシュンとして何も質問もできなくなっていた。「雰囲気」を作り出している本人は得てして全く気付いていないものだ。

4．病の苦しみ

'if they are competent, why worry if they have never seen Tosca, do not know Mahler's Second……'「有能な医者であればトスカを見たことがなくてもマーラーを知らなくても，心配する必要がないのでは？」(Manus, 1995)

同僚医師の手術で思わぬ合併症があった。ありふれた手術ではとても珍しい合併症で，判明するまで数日かかった。手術翌日になれば痛みは通常おさまるような手術だったのに，翌日になっても叫ぶほどの痛みで，薬を飲んでも全くおさまらなかった。3日目に検査をして，予期していなかった合併症が起きていたことがようやくわかった。それを患者に伝えると，患者は痛みの原因を作った執刀主治医には一切文句を言わなかったが，看護師3名の名を挙げて許せないと話した。その患者によると，その3名の看護師は，「痛がりね」と嘲笑したり，「この手術でこんな痛がるなんて心の問題じゃない？」などと言ってきたりしたそうだ。主治医は「こんなに痛みがある原因が僕にもわからない。強い鎮痛剤を処方しますが，これでもよくならなければ検査をしましょう」と言っていたらしい。

痛みを理解してもらえない苦しみは，時として

痛みそのものの苦しみさえ上回るものなのだとこのとき感じた。患者の苦しみを理解しようとしない医療者が自分のこれまでの経験をいくら振りかざしても，全くの無駄である。優れた技能や深い知識があっても全てを解決できるわけではない。どんなに有能であろうとも，患者の病苦を全て治せる医療者なぞいないのだから。技能や知識の向上に努力を惜しまないことは当然の責務だが，加えて患者の苦しみに寄り添おうとしない医療者は決して有能とは言えないだろう。

Ⅳ　最後に──医療人文学とは

　医療人文学とはいったいどんな学問なのか，果たして臨床医療に必要な学問なのか，ということを最後に書いて，この文章を閉じようと思う。

　Cook（2010）は，人間の複雑さ，曖昧さこそが医療を特徴付けておりそれを探求する学問が医療人文学だと記し，またPattison（2003）は，医療人文学を学ぶことは，人間の多様性から生まれる矛盾，複雑さ，曖昧さと共に生きることだとしている。

　医学は凄まじいスピードで進歩を遂げているが，しかし未だに人間の心も身体もわからないことだらけだ。同じ病であっても，一人一人違う。最高のガイドラインを作ったつもりでも，従いたくないという者もいる。同じ手術をしたつもりでも思わぬ合併症が発生することもある。人間は心も身体も曖昧で複雑で，機械のようには割り切れない。この割り切れなさと向き合い，もがきながら進んでいくことこそが，人間が人間を診る難しさであり，そして醍醐味と言えるのではないだろうか。

　医療者が，患者の苦しみを完全に理解することは難しい。病の苦しみを想像し，患者を理解しようとするが，それが難しいこともある。医療者と言えど，知識も人生経験も限られている。考えられないような言動をする患者に戸惑うことがある。もう治療法がない患者になんて声をかけたらいいのか苦悩するときがある。そんな時に医学の教科書や治療ガイドラインは何も教えてくれない。道しるべとなるのは，闘病記や映画かもしれないし，ロックかもしれない。Manus（1995）が言うように必ずしもトスカやマーラーを知っている必要はないが，文学，絵画，音楽などいわゆる人文学の学びは，病者を理解する足掛かりになり，また思い通りにいかず苦悩する医療者への救いの手となるのではないかと思う。もしかしたら，「じゃまな騒音」が心地よく聞こえるようになるかもしれない。筆者は，いま，臨床医，医療者こそが医療人文学を学ぶべきだと感じている。

文　　　献

Charon, R.（2006）*Narrative Medicine.* Oxford University Press.（斎藤清二・岸本寛史・宮田靖志・山本和利監訳（2011）ナラティブ・メディスン．医学書院．）

Cook, H. J.（2010）Borderlands: A historian's perspective on medical humanities in the US and the UK. *Medical Humanities*, 36(1); 3-4.

Greenhalgh, T. & Hurwitz, B.（Eds.）（1998）*Narrative Based Medicine.* BMJ Books.（斎藤清二・山本和利・岸本寛史監訳（2001）ナラティブ・ベイスト・メディスン．金剛出版．）

Manus, C. M. C.（1995）Humanity and the medical humanities. *Lancet*, 346; 1143-45.

Pattison, S.（2003）Medical humanities: A vision and some cautionary notes. *Medical Humanities*, 29(1); 33-36.

Platt, R.（1965）Thoughts on teaching medicine. *British Medical Journal*, 2(5461); 551.

国際教養と医療人文学

──英語文学作品を通じた医療コミュニケーション教育に向けて

寺西雅之 *

* 兵庫県立大学環境人間学部

I　はじめに

本稿では「国際教養」と「医療人文学」の有機的融合を目指し，その実践例としてアーネスト・ヘミングウェイの短編 Hills Like White Elephants（1927）（以下，HLWE）を用いたコミュニケーション教育を紹介する。社会人，特に医療従事者には多様な分野のテクストに触れ，異なる立場・視点・感覚を共感的に理解する「国際教養」が求められる。本稿では英語で書かれた文学を文体論的に読む演習が，医療人の読み方・聴き方・接し方の洗練化に寄与し，ことばへの「深く的確な注目／配慮（attention）」（Charon et al., 2017, 邦訳 p.240）を起点として，医療する側・される側の間の関係性の向上に繋がる点を示唆したい。

II　国際教養学から見る医療人文学

本論の導入としてグローバル社会において必須の知識・学問を表す用語となった「国際教養」について整理しておきたい。

1．「教養」とは何か

「教養」は，education，culture，liberal arts という英語に訳されるように，教え・学ぶという態度面と，人として身につけるべき基礎という内容面がある。加えて，細分化・専門化が続く研究・学問の現状を踏まえると，分野を横断して必要とされる知識や技術，すなわち「学際性」も，「現代教養」として不可欠である。例えば，「教養」の意義と「学際性」について論じた原口は，E. M. フォースターの代表作『ハワーズエンド』（1910）のテーマである「経済 vs 芸術」という二項対立に注目し，「実用 vs 非実用」という無益な対立を超越することこそが真の教養に繋がると論じる（堀ほか, 2017）。「実用的」な医療と「非実用的」な人文学という「二項対立」の超越とも言える医療人文学を考える上で重要な視点である。

2．「国際」が意味するもの

「国際」の類義語として「グローバル」があるが，実はこの2つは語源的には異なる概念である。「グローバル（global）」は，「地球の」という意味で，世界全体の統一基準というニュアンスがあるのに対し，「国際（international）」は，各国（nation）の間（inter-）にある違いを認め，異なる文化・考え方を尊重するという意味合いがある。

国際性，すなわち多様な価値を尊重する意識を育む上で，外国語教育の果たす役割は大きい。日本の英語教育では，知的な話題や専門的な事柄について議論できるコミュニケーション力と教養が強く求められており，今後は CLIL（Content and Language Integrated Learning）といった科目・専門分野の内容と外国語の学習を組み合わせた指導が，国際教養力を高める手段として主流になっていくであろう。また，英語文学を原文で読む試みも，再び脚光を浴びるであろう。

3．ナラティブ・メディスン（NM）における
　学際性と国際性

「国際教養」の追究を目的に実施されたシンポジウム「文学は医療に貢献できるか〜物語・文体・認知の視点から」（2018年3月10日, 於鶴見大学）では，NMの実践者である小比賀美香子医師による基調講演に続き，奥田恭士氏（フランス文学・物語論），奥聡一郎氏（コーパス文体論），そして筆者（文学文体論）が，それぞれの専門的立場からテクストの精読・分析を示し，著者・語り手に関するさまざまな情報・解釈を導く理論と手法を共有した（小比賀ほか，2019）。この場で扱ったテクストも，医療・介護分野の口述ナラティブに加えて，『潜水服は蝶の夢を見る』（1997）や『脳に棲む魔物』（2013）等，原文が英語または仏語で書かれた病の語り・医療ノンフィクション，小説等，国際教養的要素の強いものであった。また，英語・仏語の分析手法の日本語への援用や，外国語原作の分析等，国際教養的な知見の導入により，当該分野がさらに発展していく可能性も示された。

　以上述べた通り，国際教養の育成には，技芸・知識の習得に加えて，自身の専門と異なる分野との交流を通じて得られる学際性や，多様な人・ソースを通じて学ぶための外国語運用能力が不可欠である。この国際教養の理念を念頭に，次章では英語文学作品を通じてナラティブ・メディスンの基礎力を養うための実践案を示す。

III　ナラティブ・メディスンの実践に向けて：
　　文体を解釈するとは

　実践例の紹介の前に，NMの代表的方法論である精読（Close Reading）[注1]と本稿で援用する文体論について簡潔にまとめておきたい。

　NMの演習で用いられる精読では，テクストの丹念な読みに加えて，コンテクスト（例：作品に

注1）『ナラティブ・メディスンの原理と実践』（2019）では，"Close Reading" は「精密読解」と訳されているが，英語教育や文体論の分野では，「精読」という用語が定着しているため，本稿では，「精読」を採用させていただく。

表1　文体論と文学作品を通じたナラティブ・メディスンのシミュレーション

手順	ナラティブ・メディスンの3つのステップ	対応する文学作品読解のプロセス
1	患者への深く的確な注目／配慮（attention）	・あらすじとテーマ理解 ・文体への注意 ・多様な解釈
2	聴き取った内容の患者への再提示（representation）	・作品・解釈からの神秘性の排除 ・文体に基づく分かりやすい説明
3	患者（語り手）との連携／参入（affiliation）構築	・他者の解釈の共有 ・異なる解釈に対する共感

関係する社会・文化・伝記的背景）や読者の能動的な関与をも重視した読みが推奨・実践される（寺西，2019）。文体論も，言語学という「科学」がベースになってはいるものの，精読と同様，文化人類学や（脱）構造主義，さらには心理学等の影響も受け，「唯一」の「正しい」解釈にはこだわらない柔軟性がある。ただし，精読や文学批評が解釈のオリジナリティを追求する一方，文体論が文学作品や批評から「神秘性」を取り除くことにより，読者・学生のためにテクストの「可視化」と「再提示」を試みる教育的なアプローチである点は注目に値する。また，精読が文学を日常言語とは異なる崇高なものとして「特別視」するのに対し，文体論はその壁を取り払い，文学テクストを日常言語の延長線上に位置づけている点も，患者のことばという「非文学テクスト」を対象とするNMへの適性を考える上で重要である。

　以上を踏まえると，文学作品と文体論を援用したNMの演習は，表1のようにまとめられる。

IV　実践例：Hills Like White Elephants を
　　精密に読む

　ヘミングウェイの短編の魅力に迫るには，文体に潜在する意味を掴むことが不可欠である。以下，筆者による文体分析・解釈を示し，最後に英語文学作品の精読・分析がNMの理論と実践に与えうる影響について考察する。

1．Hills Like White Elephants について

スペイン北部の乗換駅でマドリード行きの特急列車を待っている若いアメリカ人カップルが，ある「手術」（堕胎手術？）について話している。他に大きな外的出来事は起こらず，２人の対話とともに展開する心情の変化・描出がこの作品の主体となっている。作品名にある White Elephants は，駅から見える山々の稜線を形容したものであるが，この語は，「無用の長物」，「厄介者」といった意味を持つイディオムでもある。

この作品を読んで筆者が直感的に感じたことは，以下の通りである。

1）カップルの会話がかみ合わない。その要因は少女（Jig，ジグ）の言葉の真意を読み取れない・読み取ろうとしない男性にある。
2）ジグはフラストレーションを感じているが，それは「手術をしたくない」という気持ちを，はっきり言い出せないからではないか。
3）1），2）の解釈を促すのは，シンプルな文法・語彙を使用しつつ全体として複雑な効果を孕む文体である。

筆者の以上の直感を目に見える形で説明できるよう，文体の具体的特徴から作品の意図や登場人物の心情を推察してみたい。

2．視　　点

まず，作品冒頭の情景描写を注意深く見てみたい。なお，分析テクストは全て倉林・河田（2019）から引用し，英文には便宜上一文ごとに番号を施している。

【1】

(1) The hills across the valley of the Ebro were long and white. (2) On this side there was no shade and no trees and the station was between two lines of rails in the sun. (3) Close against the side of the station there was the warm shadow of the building and a curtain, made of strings of bamboo beads, hung across the open door into the bar, to keep out flies. (4) The American and the girl with him sat at a table in the shade, outside the building. (5) It was very hot and the express from Barcelona would come in forty minutes. (p.156)

エブロ川渓谷の向こうにある山並みは長く，白かった。こちら側には日陰も木もなく，その駅舎は陽ざしの中，二つの線路の合間にあった。駅の側面には，建物の温かい陰影があり，竹の数珠の繋ぎでできた蠅よけのすだれがバーの入り口に架けられていた。アメリカ人とその連れの娘は建物の外の日陰にあるテーブルに座った。とても暑い日だった。そしてバルセロナからの急行は四十分後にはやってくる。(p.150)

まず，語り手（言葉を発している人）と視点人物（描かれる思考・感情・感覚の主体）を確認しておきたい。前者は，物語世界の外から全てを見通すことができる「全知の語り手」である。それでは，視点人物も「全知の語り手」であろうか？

（1）に注目してほしい。タイトルにもある白い象を彷彿とさせる “long and white” は，誰かの認識・主観性を反映した表現，専門的には「表現要素」（Teranishi, 2008 参照）と呼ばれるものである。ここでは語り手自身による認識を否定する理由はないが，後に分析する少女ジグの主観が反映されている，すなわち語り手と視点人物が異なる可能性があることをあらかじめ指摘しておきたい。

（5）の “very hot” と “would” も，語り手と異なる視点を帯びている可能性がある。「とても暑い」と「列車が四十分後にくる」ことの論理的なつながりを考えると，直前の（4）でカップルが紹介されているので，「とても暑く」，「四十分」時間があるため，彼らはバーのテーブルに座って待つことにした，というように，彼らの思考の流れを追った描写と捉えることもできるであろう。

ヘミングウェイの手法は，感情等の内面描写を排除した「ハードボイルド」とも呼ばれ，この引用も一見語り手による客観的な描写に見える。しかし実際には，カップル，特にジグの視点が巧妙に埋め込まれている可能性があることには注意が必要である。

男性がジグと自分のためにビールを注文した後に続く場面描写を見ていただきたい。

【2】

(1) The woman brought two glasses of beer and two felt pads. (2) She put the felt pads and the beer glasses on the table and looked at the man and the girl. (3) The girl was looking off at the line of hills. (4) They were white in the sun and the country was brown and dry. (p.156)

バーの女性は二組のビールの入ったグラスとフェルトのコースターを運んできた。彼女は二枚のフェルトのコースターとビール・グラスをテーブルに置き，その男と娘に目をやった。娘は山々の稜線を遠く見つめていた。それらは陽ざしの中で白く，大地は茶色く，乾いていた。(p.150)

【1】同様，語り手はナレーターであるが，ここでも視点人物としてのジグの介入が仄めかされる。(1)，(2)を読むと，読者である我々は，描写場面の中にカップルを見ている店員の存在を意識するであろう。店員がカップルを見ているというスキーマ[注2]は(3)でも有効であり，そこに描かれたジグの様子は店員の目を通したものと解釈できるのではないか。実際，店員は2人の名前を知らないので，ジグではなく "the girl" と言及されているのも納得できる。

このような店員の視点を通したスキーマに，(3)を読み終えたところで変化が起こる。(3)において，語り手はジグが山を見ている知覚行為に言及する。ここで，視点がジグに切り替わるので，(4)の山並みの様子は，ジグから見える描写と解釈できる。すなわち，"hills" を "white" と，そして "country" を "brown" で "dry" なものと認識しているのはジグかもしれない。ではなぜ丘は白く，大地は茶色く乾燥したものに見えるのか。彼女はこの瞬間にその丘を「白い象」と感じているのではないか。また "dry" が不毛を暗示することから，ジグが「堕胎」を意識していると解釈することもできるであろう。

注2）このように，テクスト情報から読者が想定できる人物や一連の行為は「スキーマ」あるいは「フレーム」と呼ばれ，この読者の能動的な役割を重視した読みは，「スキーマ理論」，「フレーム理論」と呼ばれる。

3．かみ合わない会話

【2】の描写の直後から，カップルの会話が始まる。

【3】

(1) "They look like white elephants," she said.
(2) "I've never seen one," the man drank his beer.
(3) "No, you wouldn't have."
(4) "I might have,"the man said. (5) "Just because you say I wouldn't have doesn't prove anything." (pp.156-157)

「あれはまるで白い象の群れのように見えるわね」と彼女は言った。
「これまで一頭も見たことがないね」と男はビールを飲んだ。
「ええ，ないでしょうね」
「あるかもしれないな」と男は言った。「単に君がそのはずがないと言っても，何も証明しやしないよ」(p.150)

(1)は，作品のタイトルにも示され，また「無用の長物」という重要な意味を孕んでいるため，ジグにとっては重い発言である。しかし男性は，その暗示的意味に関しては鈍感である。さらに重要なのは，男性の発話の描出に使われている話法である。話法の分類としては，引用符が用いられた直接話法で，複雑ではない。問題は，その発話の様子を伝える伝達部である。伝達部には普通話し手の発話行為を示す動詞が使われ，(1)と(4)で使用されている "said" が一般的である。しかし，(2)に関しては，会話に続いて男性の行動が描写されている。(2)の日本語訳では，「……と男はビールを飲んだ」となっているが，「と」にあたる部分すら，原文にはない。つまり，(2)の男性の発話の様子は，描写の必要がないくらい目立たず，短く，ぶっきらぼうであった可能性が伝わる。この文体から，ジグの言葉に関心がない，無視したいという男性の心情が読み取れるであろう。

ジグに自分が白い象を見たことがないと念押しされた後の，男性の反論も興味深い。(2)のきっぱりとした否定から一転し，(4)では "might" という不確実性を強く表す助動詞が用いられ，さ

らに（5）で男性は，主語に名詞ではなく副詞節を用いるという文法的にやや「逸脱」した言葉で，ジグの言葉を否定する。この態度の急変の原因は何か？ 恐らくジグの意図を無視してしまったと気づいた彼は，「自分も白い象を見たかもしれない」とジグにすり寄ることで，彼女の気持ちを引き留めようとしているのではないか。

引き続きカップルはアニス・デル・トロというリキュールを飲むが，その味を聞いた後2人は微妙なやりとりをする。

【4】

(1) "It tastes like licorice," the girl said and put the glass down.
(2) "That's the way with everything."
(3) "Yes," said the girl. (4) "Everything tastes of licorice. Especially all the things you've waited so long for, like absinthe."
(5) "Oh, cut it out." (p.158)

「これ，リコリスみたいな味がするわ」と娘は言い，グラスを置いた。
「何事もそういうもんだよ」
「そうね」と娘は言った。「何もかも，リコリスの味がするわ。特に貴方がずっと待ちわびてきた何もかもが，アブサンみたいに」
「いい加減にしてくれよ」(p.151)

（2）で「何事もそういうもんだよ」と言った男性の言葉を受け，（3），（4）でジグは「あてこすり」を言う。この暗示的な会話からいくつか疑問が浮かぶ。なぜ「長い間待っていたもの」はリコリスの味がするのか？ ジグの言葉の真意は何か，そしてなぜ（5）で，男性は「やめろ」と言うのか。2人の話題が「中絶」だとすると，彼女が待ち続けたものは「妊娠」「出産」の可能性が強い。すなわちジグが「待ち望んでいたもの」とは子どもの誕生であり，男性はその話を望んでいないため，「やめてくれ」と感情的になったのではないか。ただし，その場合ジグが「白い象＝無用の長物」という語を用いている点に矛盾が感じられるのも確かである。

2人の会話は，「白い象」に戻る。

【5】

(1) "Well, let's try and have a fine time."
(2) "All right. I was trying. I said the mountains looked like white elephants. Wasn't that bright?"
(3) "That was bright."
(4) "I wanted to try this new drink. That's all we do, isn't it — look at things and try new drinks."
(5) "I guess so."
(6) The girl looked across at the hills.
(7) "They're lovely hills," she said. (8) "They don't really look like white elephants. I just meant the coloring of their skin through the trees."
(9) "Should we have another drink?" (pp.158-159)

「だったら，頑張って楽しんでみようか」
「いい，私頑張ってみたのよ。あの山並みが白い象の群れのように見えると言ったけど，あれは冴えてたでしょ」
「あれは冴えてたね」
「私はこの新しい飲み物を試してみたかったの。だって，私達がやることってそれだけ，そうでしょう。いろいろなものを眺めて，新しい飲み物を試すのよね」
「そんなところかな」
娘は山並みを眺めた。
「素敵な山々ね」と彼女は言った。「あれは本当のところ，白い象の群れみたいには見えないわ。単に木々の隙間から見える山肌の色合いのことを言っただけよ」
「もう一杯飲もうか？」(p.151)

対話全体を見ると，ジグの発話の方が量的に長く，男性はジグのことばにおざなりに相槌を打つのみで，その内容を深く共感的に理解しようとはしていない。ジグのことばを詳細に見てみたい。

（2）で，白い象という比喩が「冴えて（bright）」なかったかと尋ねる。これまでの解釈を推し進めると，「白い象」が暗示する「邪魔なもの」は，「胎児」であると想像できる。ジグは，「あなたにとって胎児は邪魔なものなのよね」と確認しているようである。

しかし，（6）で再び山並みを見たジグは，自らの「冴えた」比喩を否定し，「胎児」が「邪魔なも

の」ではないことを示唆する。視点の流れを追求するあまり，これまで山並みを「白い象＝無用の長物」と感じているのはジグであると思い込んできたが，ここでそこには男性の視点が混在していることに気づかされる。「白い象」はジグがあえて男性の気持ちになって考えた比喩だったのである。

（9）で男性は，「もう一杯飲むか」と言ってこの会話の流れを遮る。ジグの「産みたい」という気持ちに与しない，「必ず手術を受けさせる」という気持ちにブレが生じないように，彼は話題を変えたのである。

これまで見てきたように，ジグは本心を比喩によって暗示的に男性に伝えようとするが，彼は気づかない。次の抜粋では，思いを伝えられないジグのフラストレーションが，逸脱した文体で爆発する。

【6】

(1) "You've got to realize," he said, "that I don't want you to do it if you don't want to. I'm perfectly willing to go through with it if it means anything to you."

(2) "Doesn't it mean anything to you? We could get along."

(3) "Of course it does. But I don't want anybody but you. I don't want anyone else. And I know it's perfectly simple."

(4) "Yes, you know it's perfectly simple."

(5) "It's all right for you to say that, but I do know it."

(6) "Would you do something for me now?"

(7) "I'd do anything for you."

(8) "Would you please please please please please please please stop talking?" (p.166)

「君に分かって欲しいことは」と彼は言い「君がやりたくないなら僕はそれをやって欲しくないってこと。君にとってそれが何らかの意味をもつなら，僕はそれをちゃんと受け止めるつもりだよ」

「それは貴方にとって何の意味もないの？ 私達，仲良くやっていけるかもしれないのよ」

「もちろん意味はあるさ。だけど僕は君以外の誰も欲しくないんだ。僕は他の誰も求めてない。それに，あれがひどく簡単だってことも僕は知って

る」

「ええ，それがひどく簡単だってこと，貴方は分かってるのよね」

「そう言うのは勝手だけど，僕はそのことをよくわかってるんだ」

「私のためにちょっとしたことをやってもらってもいいかしら？」

「君のためなら何でもやるさ」

「どうか，お願い，お願い，お願い，お願い，お願い，お願い，お願い，だから話すのを止めてくれる？」(pp.154-155)

無関心な態度から一転し，男性は積極的に話し始める。実際この対話では男性の発話量の方が多い（男性71語，ジグ34語）。理由は，手術をジグに受けさせるために精一杯説得しているからである。しかし，このように軽々にしゃべり始めた男性は，（8）で反撃を食らう。

これまで感情を押し殺した会話を続けていたジグは，急に取り乱し，その内面の爆発は，"please"の7回の繰り返しとして描出されている。この文体は，規範的文法からの逸脱であり，また，落ち着いた言葉遣いをしていた作品中のジグの姿からの逸脱でもある。逸脱は，作品の中で最も「目立つ」部分であり，その効果は文体論では「前景化（foregrounding）」と呼ばれる。作品のテーマ，主張が凝縮されている部分であり，本作品においてもこれまで自分の気持ちに共感を示さなかった男性に対するフラストレーションの爆発が，最も目立つ部分＝クライマックスとなっている。

この後，男性は席を外して強い酒を飲み，何かを決心してもう一度ジグのところに戻るところでこの話は終わる。男性が何を決心したのかは，謎のままである。

以上，話法や視点，対話分析といった文体論の知見を援用した精読を行うことで，作品の意図や登場人物の心情がより具体的に読み取れることを示してきた。特に，セクション1の冒頭で示した3つの直観的理解とその説明には，文体に示された「意味」を解釈することが不可欠である。

4．解釈を広げる：テクストからコンテクストへ

　筆者は「英語文体論」の講義を通じて，勤務校の学生と本作品の文体について議論する機会があった。講義ではまず作品全体を一読し，その登場人物や起こったことの確認，その時点での感想などを聞いている。第一印象は「英文は読みやすいが，作品の意味が分からない」である。しかし，２度目３度目の読みでこれまで述べてきたような文体に対する「注目／配慮」を促し，その効果に関する問いを行うことで，大部分の学生が作品の魅力に引き込まれていった。

　テクストの仔細な読みと分析に続き，作品の背景の推測や，読者自身に関連させた考察等，その思考を広げることは文学の鑑賞にとって大事な側面である（Teranishi & Nasu, 2016）。例えば，このカップルの関係はどのようなものか？　男性はman，ジグは girl と言及されていることから，男性が年上であることは読み取れる。結婚を前提に付き合っている恋人同士とも考えられるが，男性の態度を見るとジグと遊びで付き合っているようでもある。

　学生，そして筆者自身も最も気になった点は，妊娠とアルコールの関係である。この作品をジグの妊娠を想定して読むと，男性が酒を注文し，それを躊躇なくジグが飲む場面が気にかかる。現代知識では，妊婦にとってアルコールは厳禁だからであるが，なぜ２人は平気で酒を飲むのか。作品が書かれた当時やアメリカ，そして舞台となっているスペインでのアルコールに関する認識は調べる価値があるであろう。また作品に戻ると，「自分のことなんてどうなってもいい」というジグの気持ちや，そもそも子どもが無事に生まれてくることを望んでいない男性の気持ちが反映された行為とも解釈できるであろう。

５．考察：病の語りの解釈への援用

　以上，「国際教養」の一環として，英語で書かれた文学を，文体に注視して精読する実践例を示した。最後に，このような実践が NM の基礎を育む上で与えうる効果について整理する。

　まず，今回の実践は，シャロンほか（2019）が

指摘する形式面への注意の具体例である。ヘミングウェイの短編は，「氷山理論」，すなわち「描く対象の八分の七を水面下に隠す省略的な創作方法」（倉林・河田，2019, p.242）で書かれており，ロラン・バルトのことばを用いれば，読者が推測・解釈を促される「書きうるテクスト（writerly text）」（ウェールズ，2000）である。本分析が目指したものは，「八分の七」の世界をフリーな発想から独創的に作り出すのではなく，「八分の一」のテクストの特徴に基づいて作品の全体像を構築することであった。実社会に目を向けると，ヘミングウェイのように意図的かどうかは別にして，一見意図の見えない，分かりにくいナラティブに出くわすことは多々ある。そのような時でも，まずはテクストに忠実に向き合うことの重要性を本分析で示したつもりである。意味の潜在性は示しつつもそのありかを巧妙に隠しているヘミングウェイの作品の読み方は，患者のことばなど非文学的なテクストの読み・解釈にも有効であり，語りの分析における「語らない部分」への配慮を学ぶには，今回の短編は有効な教材と言えるであろう。

　本稿では具体的な文体論のチェックリストの一つとして視点の問題をあげた。本短編で用いられていた「語り手」と「視点人物」が異なる描出話法と言われる文体は，モダニスト小説をはじめとする文学作品の特徴とされるが，実は新聞や日常会話でも見られる。また，寺西（2019）で示した医療ノンフィクション *Brain on Fire*（2012）の分析では，語り手の中に混在する視点人物を確認することで，その語り手（すなわち，著者で主人公のスザンナ・キャハラン）に悲しみ・喜びといった感情をもたらしている原因（人・もの）にたどり着く可能性を示唆した。その他，話法，前景化等，語り方・示し方が醸し出す「意味」の重要性を指摘したが，これらの文体への注意／配慮から生まれる解釈は，病の語り等さまざまな非文学テクストの読み方に示唆を与えるのではないだろうか。さらに，テクスト内に書かれたことを踏まえて，それぞれの解釈をシェアする活動は，NM で定義される「再提示」および「連携／参入」に繋

がる重要なステップとなるであろう。

　最後に作品のテーマについてである。文学作品は，ありとあらゆるテーマを扱っているが，ナラティブ・メディスンには何らかの形で「医療」と関わる内容が描かれている方がよいかもしれない。そういった意味では「手術」がテーマになっている本作品は，教材としてふさわしいと言えるかもしれない。その他のヘミングウェイの短編では，子どもが抱く病気（インフルエンザ）と死に対する恐怖を描いた *A Day's Wait* 等が，文体に注目することで作品をより深く鑑賞できる優れた教材となるであろう。

V　おわりに

　本稿では，国際教養と医療人文学との関係性の視点から，NM の実践案として米文学短編小説の分析と解釈を行った。外国語文学を文体論の知見を用いて読む演習が，医療コミュニケーションおよび NM の基礎力養成の一助と成り得るとすれば，筆者にはこの上ない喜びである。もちろん，「国際教養と医療人文学」というテーマは壮大であり，本稿で述べた内容については引き続きさまざまな観点から補足・再考が必要である。

　かつて日本の大学英語教育は，英文学作品を読むことが中心であったが，今では実用的英語運用能力に対するニーズから，教材・教授法は大きく変化した。さらに，新学習指導要領を見れば，国語教育からも文学作品が消えつつあるようだ。グローバル化に伴い，実用的コミュニケーション能力の重要性は益々高まっていくであろうが，結果として今の大学生は，文学作品を英語で読む機会を失ってしまったわけである。少なくとも医療従事者を目指す学生にとっては，NM 等で必要とされる文学的コミュニケーションに触れる機会を失うことは大きなマイナスである。文学や文学教育を再考する上でも，文学作品から学んだ知見を，医療等実社会へ役立てる方策について今後議論を深める必要があるであろう。

文　　献

Charon, R., DasGupta, S. & Hermann, N. et al. (2017) *The Principles and Practice of Narrative Medicine.* Oxford University Press.（斎藤清二・栗原幸江・齋藤章太郎訳（2019）ナラティブ・メディスンの原理と実践．北大路書房．）

堀正広・原口治・高橋薫ほか（2017）「理系」の「教養」とは．*JAILA Journal*, 3; 89-100.

小比賀美香子・奥田恭士・奥聡一郎ほか（2019）文学は医療に貢献できるか：物語・文体・認知の視点から．*JAILA Journal*, 5; 96-107.

倉林秀男・河田英介（2019）ヘミングウェイで学ぶ英文法．アスク出版．

Teranishi, M.（2008）*Polyphony in Fiction: A Stylistic Analysis of Middlemarch, Nostromo and Herzog.* Peter Lang.

Teranishi, M. & Nasu, M.（2016）Literature and the role of background knowledge for EFL learners. In: Burke, M., Fialho, O., & Zyngier, S. (Eds.): *Scientific Approaches to Literature in Learning Environments.* John Benjamins, pp. 169-189.

寺西雅之（2019）文学と医療をつなぐ文体論の役割―Brain on Fire の思考描出の分析を通じて．*PERSICA*, 46; 1-12.

ウェールズ，ケーティ（豊田昌倫ほか訳，2000）英語文体論辞典．三省堂．

メディカル・ヒューマニティとナラティブ・メディスン：§2 医療と人文学

日本文学とナラティブ・メディスン

——『絵本黴瘡軍談』におけるナラティブ

平林香織 *

* 創価大学文学部人間学科

I　ナラティブ・メディスンとの出会い

　筆者は，江戸文学について長年研究してきた。2011年4月から2019年3月まで，岩手医科大学の教養教育センターに奉職した。文学と医学の架け橋のような研究テーマはないものかと思っていたところ，齋藤清二先生と河合隼雄先生の対談記事をインターネットで読んだ。「これだ！」と思った。英文学，心理学，行動科学，遺伝カウンセリング学の同僚とともに，学内にナラティブ・メディスンの勉強会を立ち上げた。齋藤清二先生に来学いただき学生たちにナラティブ・メディスンの講演会をしていただいたり，聖路加大学ライフ・プランニング・センターでの国際フォーラム「医療と対人援助におけるナラティブ・アプローチ」に参加させていただいたりした。御高著を通じて多くを学ばせていただきながら，筆者にできることは，学生たちに，日本語で書かれた物語を読み解く方法論を教えることだと確信するに至った。

　さて，2018年，岩手医科大学が創立120周年を迎えるにあたって，記念誌を編集するお手伝いをした。古い資料を調査する中で，大橋珍太郎なる人物が1913年に大学図書館に寄贈した『絵本黴瘡軍談』（船越敬祐著）に出会った。

　大橋珍太郎氏は医師で，岩手県医師会長，花巻町長（当時）などを歴任し，宮沢賢治とも交遊があり，『日本医事新報』に医学史関係の記事を多く執筆した博覧強記の文理融合の人であった。また，『絵本黴瘡軍談』に関しては，滑稽本や読本の趣向を取り混ぜた病と薬の擬人化合戦譚として読まれてきたことがわかった（豊岡，2014）。改めて通読してみると，梅毒専門医であった船越敬祐による，梅毒治療のための実践的なナラティブ・アプローチの書であった。文理融合の広い視野を持った大橋氏が本書を岩手医科大学に寄贈し，後進に託した思いを理解できたような気がした。

　日本に梅毒が入ってきたのは16世紀初頭，宣教師の渡来にはじまる。それから数年後には，日本の全人口の2割が梅毒罹患者だったという調査報告もある（中西，2005）。かつて吉原遊郭があった台東区の埋蔵文化財発掘調査では，梅毒による病変人骨がしばしば発掘されるという。病変人骨は，病が第3期まで進行したことを証明するものだ。19世紀（近世後期）の梅毒による病変人骨の出現率は，調査場所によって異なり，1％から20％の幅がある[注1]。江戸末期，第1期，第2期までの感染者数はさらに多かっただろう。

　明治期には「花柳病」また「亡国病」ともいわ

注1）宇田川肇氏御教示による。「東京都文京区小石川三丁目東遺跡—集合住宅建設に伴う埋蔵文化財発掘調査報告書」（伊藤忠都市開発株式会社・大成エンジニアリング株式会社埋蔵文化財調査部門，2016），東京都文京区「祥雲寺跡・浄福寺跡—（仮称）ALERO 白山II 新築工事に伴う埋蔵文化財発掘調査報告書」（合同会社 ALERO10・テイケイトレード株式会社埋蔵文化財事業部，2017），「東京都台東区浅草永寿町遺跡 東上野三丁目2番地地点」（台東区教育委員会・テイケイトレード株式会社埋蔵文化財事業部『台東区埋蔵文化財発掘調査報告書』76，2018）

表1　梅毒罹患者数（厚生労働省，2019）

	男性	女性	総数
2015 年	1,930	760	2,690
2016 年	3,189	1,386	4,575
2017 年	3,913	1,895	5,826
2018 年	4,591	2,416	7,007
2019 年	4,384	2,255	6,639

（2019 年は暫定値）

れ，『花街征伐』（明治 38 年〔1905〕）で梅毒亡国論を展開した首藤文雄（春秋山人）は，花街の廃止を強く訴えた（上田，2006）。警察主導により駆梅運動が展開するのもこの時期である。

　一方，近年，わが国の若者の間に梅毒罹患者が激増している。以下の表は厚生労働省が公表している性感染症報告数の過去 5 年間の動向である（厚生労働省，2019）。

　2015 年からの 3 年間で毎年 1 千人以上ずつ増加している（表 1）。

　船越敬祐は，特効薬も確かな治療法もない江戸時代に，黴毒大王率いる黴軍と薬将軍らが戦う合戦物によって梅毒が根治するプロセスを物語に仕立てた。巻末には，自らの梅毒罹患歴を告白し，症例や処方を丁寧に紹介する。

　結論を先に述べると，本書は，梅毒について考える温故知新の書としても有益であるし，何より，ナラティブ・メディスンの書として再評価すべきものである。患者としてのナラティブ，医師としてのナラティブの書であると同時に，物語そのものが治癒のナラティブを展開する。梅毒菌や薬を擬人化することによって，病との戦いに勝利するというメタファーが，治癒のイメージにリアリティをもたらす。

　本稿では，日本の古典文学作品でもあり，梅毒に対するナラティブ・アプローチの書でもある『絵本黴瘡軍談』を紹介する。

II　船越敬祐のこと

　作者・船越敬祐については森納によると，生没年不明，江戸時代後期に伯耆国米子の大寺屋船越家の分家鍋屋船越に生まれ，嘉永年間（1848-53）には死亡。大仙台屋の丁稚奉公に出て，手代，番頭となるが，梅毒を患い，大坂に出て医家に住み込み医術を学びながら治療し，梅毒専門医となった。京都の宮廷医・錦小路家や長崎で医学を学び，大坂北久宝寺町三休橋近くに開業した（森納，1983）。

　船越の医書 4 点，『妙薬奇覧』（1827），『黴瘡瑣談』（1831），『絵本黴瘡軍談』（1838），『妙薬奇覧後編』（1851）が現存する。

　『黴瘡瑣談』によると，父は 29 歳で，母は 44歳で梅毒により亡くなっている。船越自身も「若年」で梅毒に罹患。水銀剤とおぼしき「劇薬」による「劇治」で，副作用に苦しみ治癒しないため，みずから「延寿丸」を発明し，完治したという。

　『絵本黴瘡軍談』の巻末には，船越の梅毒薬の購入者は，紙を持参すれば無料で『絵本黴瘡軍談』を印刷するか，紙代だけで配布する，と注記がある。本書は，薬の付録だった。患者を対象として，梅毒について解説し，梅毒薬の飲み方や効果を示す目的で書かれた処方箋のようなものだった。

　当時，本屋が薬の取り次ぎをすることは一般的なことだった（長友，2002；鈴木，2012）。船越発明の延寿丸の売捌元は，大坂備後町の製薬所（宮地賢輔）のほか，別本の広告では米子の船越文太郎と鍋屋彦左衛門のほか「取次所 諸国町々津々浦々」となっている。内藤記念くすりの博物館には「人躰國病薬合戦圖」と称する船越の梅毒薬・延寿丸の引札（宣伝ポスター）が伝来する。丹青濃淡による色刷り，99.6 cm × 37.6 cm の立派なものである。上段は役者絵を得意とした浮世絵師・長谷川貞信（1809-1889）による『絵本黴瘡軍談』の内容を反映した合戦図，下段には延寿丸の薬効が書かれる。自信をもって宣伝された薬だったことがわかる。

　当時，医学書は漢文で書かれ大変高価だったため，一般人が読むことは困難だった。具体的な症状や症例を記載する本書は重要な情報源だっただろう。比較的安価な延寿丸も無料配布の本書も民間に広まっていたと思われる。

『絵本黴瘡軍談』には，薬の付録であるという注記のないものもある。それらには刊記があり，薬の売り捌元ではなく本屋の名前が刷られる。薬の付録だった本書が，読み物としての面白さから，薬屋から書店へと取り扱いが広がり，販路が拡大していったことがわかる。

III　『絵本黴瘡軍談』におけるナラティブ

『絵本黴瘡軍談』には「櫟陰散人」の序がある。船越について梅毒医として優秀であると紹介し，20年以上梅毒治療に取り組んでいるとある。船越の著作は和文で書かれ，症例が豊富で，わかりやすいものだと述べる。和文による船越の著作は蔑視されがちなので，「小説の体」を用いて「病薬交戦」の話を作ったという。「寓言を仮（り）て，実用に帰す」ことは「巧手段善方便」であり，「世に益有るの書」だとする。

「寓言」とは，「他の物事に仮託して，高遠な思想や教訓を述べた説話」（『日本国語大辞典』小学館）をいう。寓言は，何かになぞらえながら真実をわかりやすく伝える。「メタファー」ということばに置き換えてもよいだろう。単に現象をありのままに直接的に説明することばとちがって，イメージを重層的に取り込むメタファーは，人間の理性と感情を包括的に刺激することができるため，ナラティブでは大変重要だ。メタファーによってこそ，名状しがたい人間の言動・意識・心情を把握できる。ナラティブ・メディスンの有用性もメタファーの力に依拠する。

さて，櫟陰散人の序文の次に，「述意」として船越自身による本書執筆の動機が示される。「奸医盲医のために誑（か）れ，遂に不治の症となりて，生涯を誤る者」が数え切れないので，世間の誤解を解き，正しい治療法を説くとある。当時の梅毒治療には，毒性のある塩化水銀剤が用いられたため，これら劇薬の処方の塩梅がむずかしかった。副作用も強く，医者は患者が副作用に耐えられないことを理由に投薬を止めてしまうこともあった。また，梅毒に特徴的な再燃を，薬の副作用と勘違いする医者もいた。船越は，「害あるは，盲

写真1　医師・篤実淳直（左），黴効散と奇良湯（右）

医の咎なり，薬の害にはあらず」と断じる。この書によって，患者は，「自ら黴治の径庭を諳んじ知り，盲医の誤治を免れ，奸医の悪計に陥ることなからん」と説く。

日本感染症学会梅毒委員会が2018年6月に策定した「梅毒診療ガイドライン」によると，病期は，1年未満の早期と1年以上経過した後期に二分される。早期は感染後1カ月以内の第1期と感染後1〜3カ月の第2期に分け，後期は第3期である。長期にわたり複雑な進行形態をとる慢性感染症とされる。あらゆる臓器に慢性炎症をもたらし，全診療科にわたる症状を起こしうる。

船越は，梅毒が複雑で長い経過をたどる病であることを長年の臨床経験からよく理解していた。「黴治の径庭」という語は，梅毒の治癒には病気の長く複雑な病の経過を知る必要があることを強調するものだ。「盲医の誤治」や「奸医の悪計」という語から，梅毒の特徴をよく知らない医師による誤った治療や，患者の苦痛に付け込んで高い薬を売りつける医師が多かったことがわかる。

続いて登場人物の紹介図面がある。医者・篤実淳直（写真1左図），病賊・黴毒大王（写真2右図）の姿がそれぞれ半面に大きく描かれ，薬将・延寿丸と治瘡丸（写真2左図），薬将・黴効散と奇良湯（写真1右図）が，2人ずつ半面に描かれる。これらの人物の画像により読解のイメージがぐんと膨らむことになる。本書は〈絵本〉と銘打っているだけに，画像テキストによるナラティブ・アプローチの書ともなっている。

写真2　薬将・延寿丸と治瘡丸（左），病賊・黴毒大王（右）

IV　『絵本黴瘡軍談』の内容

　6人の体内を「国」に見立てて，体内を国内と称し，病と薬をそれぞれ賊将と薬将に擬人化して戦わせる。各巻はそれぞれ1〜3章に分かれ，それぞれに七言の対句による漢文体のタイトルがつく。物語の内容を巻ごとに解説を加えながら紹介しよう。

巻之第一

　「医生灯前に妖嬌を見る／天神斧下に魔魅を退く」

　梅毒薬を研究する医師・篤実淳直の前に28歳ぐらいの美女が現れ，梅毒の精霊であると名乗る。元は金毛九尾白面の狐であり，妲己・斑足王・玉藻前として知られた妖狐だ。安部泰親に那須野に封じ込められたが，再び唐土によみがえり，「難治の悪疾」となったという。治療効果のある淳直の治療を止めれば，淳直の無病長命を約束するともちかける。しかし，淳直は一歩も譲らない。すると妖婦が淳直に飛びかかり，彼は気を失う。そこへ大将が現れ妖怪に斧を振り下し，妖怪は立ち去る。大将は周の武王の臣・雷震だと名乗る。淳直と共に悪霊退治をすると宣言する。

　「郊野に会し群邪事を議す／形躯を変じて五傑募に応ず」

　黴毒大王は長崎の丸山遊郭の人体国を経由し，福徳自在衛門家の腰元に成りすまし，一家の人々と交わり，体内に侵入していた。五宝丹，紫金丹，山帰来剤，六物解毒湯，捜風解毒湯などの「弱将」に頼るように仕向けている。

　淳直は人体国で黴毒大王の一味と戦うことを宣

言。雷震が，自分は薬将・延寿丸となり，黴効散，治瘡丸，奇良湯の薬将を揃えて戦うと言う。そこへ福徳自在衛門の倶生神が助けを求めに現れた。倶生神は，「人が生まれた時から，その左右の両肩の上にあって，その人の善悪の所行を記録するという同名，同生の二神」（『日本国語大辞典』小学館）である。淳直と薬将は福徳自在衛門国へ向かう。

　冒頭，よく知られている『三国妖婦伝』を用い，金毛九尾の妖狐を黴毒大王に結び付けて，読者の興味を引く。各国で傾国の寵妃となった変化の女が人体国を亡ぼす設定は，難治性の性病という梅毒の特質にふさわしい。

　治療効果の低い薬と副作用の強い薬水銀系の薬の実名をあげ，それによって人体国が滅びに向かっていると糾弾する。丸山遊郭の遊女から梅毒が広がっていくという設定も当時の梅毒感染ルートそのもので，リアリティがある。

巻之第二

　「舌戦を試みて国王任を授く／奸謀を挫いて賊徒誅伏す」

　福徳自在左衛門国では，淳直と賊将らの舌戦がはじまる。山井養民，部良棒庵などの賊将が出現する。淳直は延寿丸の薬効を説く。淳直は，一見治ったかのように見えて病気が再燃することと薬毒の違いを説明する。免疫力や体力をあげる補薬の大将などを用いながら根気強く薬を用いることが重要だと語る。

　そこへ，滑田順才，不実貪欲という2人の奸臣が躍り出て，黴毒大王の命を受けて医者となって人体国へ入り込んだのだから邪魔をするな，と淳直を襲う。延寿丸と黴効散が2人を打ち倒す。それを見た国王は驚き，偽医者にしたがっていたと気づく。自ら国中を巡見し，脈道，腹部，頭，唇，舌の要害にある賊軍と戦うと決意する。

　巻二では「山井養民」，「部良棒庵」などの将軍の名前に従来の薬の効かないことが暗示される。淳直は梅毒の再燃性を説き，免疫力を高めるための補薬の重要性を説明する。梅毒の症状や治療の実態に即した将軍と淳直のやりとりは，医学的見地に基づきつつ，戯画的な面白さをもつ。実際に梅

毒菌が炎症を起こしやすい器官に賊軍が陣取るという設定も，梅毒に知悉した船越ならではのナラティブである。

そして，国王である患者が，自分の病を治す決意を持ったことが，注目すべき点だ。

巻之第三

「敵陣を襲ふて遺毒首を喪ふ／本営を失ふて癩癧迹を晦ます」

淳直は長期戦ではなく短期決戦の布陣を張る。賊将・癩癧腫高と遺毒抜兼が率いる賊軍に対し，薬軍による遠攻めの後，夜討ちを仕掛け，鉄砲で一掃する。淳直はまだ「全治の国」とはいえないと警告しつつ，延寿丸とともに黴賊に侵された別の属国へと赴く。

「血熱黄泥阪に敗走す／下疳陰頭山に滅亡す」

淳直が属国「福徳長禄国」に赴くと，賊将・下疳早成，骨痛動須が，国の入り口である陰頭山に陣取っていた。延寿丸が，大黄牡丹皮湯の助けを借りながら賊将を討ちとる。国王は大いに悦ぶ。淳直は薬将四天王（延寿丸，治瘡丸，黴効散，奇良湯）とともに次の属国へと向かう。

「元気を養ふて薬将戦を緩む／鋭鋒を拒いで病賊命を殞す」

3番目の国は「福富万吉国」である。万吉国では，病賊・上攻結毒と痔疾痔瘻が，「口中門，穀道門に陣を張り」，嚥下困難にしている。食欲のない患者のための補薬・十全大補湯が用いられる。補薬なので「温和の将」として擬人化される。賊軍は頭脳山にも侵入。延寿丸が頭頂へ赴き，黄全大補湯は足下に向かい，鎮圧に成功する。次の属国から倶生神がやってきて延寿丸の出兵を要請する。淳直はしばらく止まり，「乱後治世の術」をする。

巻三でも賊将名に，梅毒の症状を当てはめ，読者に病の特徴を印象づける。また，福徳自在衛門国で，薬軍による遠攻めのあと鉄砲隊で倒す展開は，病人に体力をつけてから強い薬を使って一挙に病魔をたたく方法だ。延寿丸の処方のタイミングの重要性を示す。そして，まだ完治してはいない，と淳直が警鐘を鳴らしているのは，時間をおいて再燃することのある梅毒の特質を示す。

「下疳早成」や「骨痛動須」は，黴毒菌による生殖器の炎症と関節の硬直・疼痛の擬人化である。多くの梅毒患者が苦しむ症状だ。福徳長禄国で，陰頭山から頭脳山へと賊軍が侵攻するようすは，多臓器に及ぶ梅毒の体内への広がりを示し，船越の梅毒知識の深さを物語る。

また，淳直が，万吉国に治癒後もとどまっているのは，病後の管理，再発防止の医療行為を物語る。嚥下困難に対して，対症療法ではなく，延寿丸と補薬を用いた根本治療の必要性を強調する。

巻之第四

「延寿丸勇に矜りて敗を取る／黴効散計を定めて敵を討つ」

4番目の属国は「助八国」である。結毒難治・蝋燭下疳の賊将が分身の術などを使って国中の街道筋で延寿丸に襲いかかる。形勢不利となった延寿丸は，万吉国にとどまっている淳直に助太刀を求める。淳直は黴効散を呼び出し，延寿丸への加勢を命じる。賊徒を打ち倒した黴効散が凱旋し，国王は大いに喜ぶ。淳直は乱後の仕置きを詳しく言い残して次の国へ向かう。

「両雄連に出て苦戦を究む／一将独進んで衆敵を鏖にす」

5番目は「金吉国」である。便毒腫満と楊梅瘡広成との戦いを描く。淳直は国王に謁見し巡見を申し出る。黴毒大王は秘策を用いて，楊梅瘡広成を108人に分身させ，延寿丸を包囲する。形勢不利な延寿丸を応援し，黴効散・黴毒散が4,500騎の消魔風の熱風で敵を退散させる。治瘡丸が奇襲の前に酒宴をはり敵をおびき寄せ，楊梅瘡広成と便毒腫満を討ち倒す。

「大元帥計りて賊群を平らぐ／倶生神来つて国乱を報ず」

6番目の福松国は，疥癬穢と雁瘡癒兼に侵略されるが，防戦の功あって「皮表の戦い」に終始していた。黴毒大王が小便道に援軍を送り，排尿困難にする。薬軍の負色が濃くなる。治瘡丸が軍勢を引き連れて鬨の声と共に名乗りをあげる。槍をもって戦うが，賊軍に追い立てられる。淳直は延寿丸に退治を命じ，賊軍を1人残らず討ち果たした。

そこへ，自在左衛門国から倶生神がやってきて，国王が奸臣の讒言にそそのかされ，薬兵を遠ざけ放蕩にふけったため国が滅亡の危機にあると訴え

る。淳直は，いよいよ黴毒大王との最終決戦に向け，諸薬将を従えて本国へと向かう。

巻之第四は物語の最大の見せ場といえる。黴毒大王の秘策，楊梅瘡広成の分身術は，黴毒の楊梅状の発疹が全身に広がるイメージである。また，楊梅瘡だけではなく排尿困難を引き起こす病の重篤化の危機を，薬軍の形勢不利というストーリー展開によって示す。便毒腫満という賊将名は，腹水がたまり膨満感のある症状を表す。一方，国王の力が強い福松国，つまり免疫力の高い場合には，皮膚の炎症だけで，内臓や骨髄は侵されてはいない。延寿丸は無敵の活躍をし，薬効甚だしい。淳直のもとに自在衛門国が再び滅亡の危機にあるという知らせは，梅毒の再燃性・難治性を物語る。

巻之第五
「枯を活かし死を回す巧手段／功を遂げ名を全す大団円」
再び自在衛門国にやってきた一行は，その衰弱ぶりに驚く。淳直は佞臣・美麗公らと論戦はり，色と酒の弊害を説く。国王は自分がだまされていたことに気づき奸臣を追放する。そこへ黴毒大王自らが出撃してくる。延寿丸とその部下が賊軍を包囲，ついに黴毒大王を追い詰める。延寿丸が大王の首をはねる。淳直らは勝ち鬨をあげる。淳直と薬将四天王は国王等に国境まで見送られ自在衛門国を離れる。雷震が現れて淳直の背中を突くと，真っ逆さまに落下する。目が覚め，淳直は書斎の中にいた。
夢中の経験で今まで使っていた奇良湯，治瘡丸のさじ加減を把握し，発明した延寿丸，黴効散を患者に与えてみたところ，効果があった。4つの薬（黴薬四天王）を求めるものが後を絶たず，夢中のできごとを記して世に伝えることにした。

以上が全体のストーリーである。薬名と薬将，症状と賊将名，器官・肢体と人体国の地名をきっちりと対応させることによって医学書と文芸書のバランスを保っていることがわかる。医師や患者にとって切実な症状や苦痛が擬人化され，切実であるが滑稽でもある。

人体国を6カ国とし，梅毒の病相変化や症例の違いを表現する。さまざまな交戦スタイルは症状・症例別の薬の組み合わせや量を意味する。治療に時間がかかり，また，病者自身の節制も不可欠で，医師と病人が心を合わせて根気よく治療しなければならないことが伝わる。

「附録」では，梅毒の発生と伝播，梅毒の経過，過去の治療法と現行の治療法，また，梅毒治療の難しさをわかりやすく説く。薬の処方の仕方，それによる患者の反応なども紹介する。自分が梅毒に罹患したときに服用し，他の治療薬（七宝丸）では効果が無いこと，自ら延寿丸を試した治験データを掲げ，一般の薬では治療に5年を有するが，延寿丸であれば4,5カ月で全治すると説く。そして，再度すべての人体国の記述を振り返り，それが梅毒のどのような疾病段階であるかを説明する。

延寿丸も黴効散も15日分で銀6匁と記される。現行通貨に換算すると6匁は約3千円だ。4カ月服用するとして24,000円で梅毒が完治することになる。

V　梅毒治療のナラトロジー

当時の梅毒は長く苦しい治療期間を要し，死に至ることも多かった。罹患・発症・治癒のプロセスに関してさまざまな物語が生まれた。軽快化と再燃を繰り返す性質も，物語的な刺激となった。擬人化された合戦物というナラティブは，梅毒に罹患した患者の後悔や絶望の物語を，治癒という希望のある未来の物語へ転換したものだ。

澁澤龍彦は，「梅毒という表示義が娼妓，貧困，下級階級，無教育，不品行，自業自得，不幸な結婚という共示義を生み出す」という（渋澤, 1965）。売春によって梅毒が蔓延したために，そこには罪や罰の意識が伴う。

梅毒は歴史の闇に隠された病でもあった。須賀敦子はブネツィアを散策していて「Rio degli incurabili」（治る見込みのないものたちの水路）という名前の看板を目にする（須賀, 1994）。やがて，須賀は苦労して「なおる見込みのない人たち」が梅毒に罹患した娼婦たちだと突き止める。須賀は，

「果てしない暗さの日々」のなかで彼女らが，ザッテレの河岸のレデントーレ教会を見ながら，「人類の罪劫を贖うもの，と呼ばれる対岸の教会が具現するキリスト自身」に救いを得たのではないか，と綴る。

　梅毒につきまとう負のイメージは今なお払拭されていない。一方，『絵本黴瘡軍談』のナラティブは，病と闘う勇気を喚起する。本書は，なぜ病になったかを問わず，どうすれば病を克服できるかを説く。

　生き生きとした薬将の戦いぶりやスピーディーな展開，読み物としての面白さが，船越の知識と経験に裏打ちされている。寓言によって医学的真実を伝える治癒のナラティブは高く評価されるべきものだろう。

追記：『絵本黴瘡軍談』本文の引用は，岩手医科大学附属図書館蔵・巌手醫學文庫本に拠った。

　文　　　献

厚生労働省（2019）性感染症報告数. https://www.mhlw.go.jp/topics/2005/04/tp0411-1.html

森納・安藤文雄（1983）因伯杏林碑誌集釈. 森納.

長友千代治（2002）江戸時代の図書流通. 思文閣出版.

中西淳朗（2005）駆梅処方の変遷史話：水銀と蜀葵研究の歩み. In：福田眞人・鈴木則子編：日本梅毒史の研究—医療・社会・国家. 思文閣出版, pp.297-342.

渋澤龍彦（1965）エロスの解剖. 桃源社.

須賀敦子（1994）ザッテレの河岸で.（初出は『ヴェネツィア案内』（とんぼの本））

鈴木俊幸（2012）書籍流通史料論序説. 勉誠出版.

豊岡瑞穂（2014）『繪本黴瘡軍談』考：病対薬の合戦譚・本と薬の流通. 龍谷大学古典文藝論叢, 6; 19-33.

上田泰輔（2006）治療される身体・思想—長田秀雄「歓楽の鬼」と梅毒言説. 日本大学大学院国文学専攻論文集, 3; 49-61.

音楽療法と奏でられるナラティブについて

大寺雅子 *

* 日本大学芸術学部音楽学科

ナラティブ・ベイスド・メディスン（Narrative Based Medicine；以下NBM）とは，患者の病いの体験だけでなく，患者の人生や生活にまつわる物語も尊重する医療実践である。NBM では，医療にまつわる物語は多様であり，正解とされる唯一の物語が存在するとは考えない。NBM は医療実践の原点と言えるにも関わらず，実際の医療現場では医療者側の物語が優先されがちであることから NBM が改めて注目されるようになった（斎藤，2003a）。シャロン（2011）は，患者と医療者の間に存在する分断について指摘し，そこに橋をかけるための物語の必要性について言及している。医療面接における物語の特徴としてシャロンが挙げるのは，時間性，個別性，因果性／偶有性，間主観性，倫理性である。医療面接における物語には病いの予後や転帰などの時間的要素と患者の個別的事情や背景が含まれ，それらは何らかの意味を持つ筋書きとして提示される。そして，物語が語り手と聴き手の間でやりとりされることによる関係性の構築やそれにまつわる倫理的な問題が生じるということである。

医療における NBM と私の専門領域の一つである音楽療法は，患者の複数の物語を尊重するという臨床的な力点において類似している。ブルシア（2001）は「音楽療法とは，クライエントが健康を促進するのを療法士が援助する，体系的な介入のプロセスである。そこでは音楽を経験することと，音楽を経験することを通じて変化への力動的な作用として発展する関係性とを用いる」（p. 22）

と定義する。音楽療法が音楽教育や音楽の演奏会と異なるのは，クライエントの健康を促進することが目的であるという点や音楽を経験することで関係性の発展が期待されるという点である。クライエントの健康とは，クライエントの心身のみならず，スピリチュアリティや社会的および環境的背景も含めた健康を指す。音楽を体験することで発展する関係性には，クライエントと音楽療法士の関係性だけでなく，クライエントと音楽の関係性も含まれる。そのような音楽を用いた介入方法である音楽療法は，認知症ケア，小児医療，緩和ケアをはじめとした医療領域でも実践されるようになった。Aldridge（2000）は，痛みを訴える高齢者を例に挙げ，彼らがかかりつけ医に話すいつもの痛みの物語ではない，まだ語られていない苦しみの物語があるとして，それらは音楽を含めた創造的芸術活動によって彼らの表現方法に即した形で表現することができると述べている。

音楽療法の分野においても，ナラティブの視点に基づいた研究や分析方法の提案などが行われるようになった（e.g. Aldridge & Aldridge, 2002; Hadley & Edwards, 2016）。私も認知症高齢者を対象とした音楽療法の事例分析（Otera, Saito, Kano, & Ichie, 2020）のために上述のシャロン（2011）による物語的特徴を参照枠として用いた経験から，ナラティブ・アプローチと音楽療法の親和性を認識している。ナラティブの視点から非言語性を重視する音楽療法が分析可能であるということは私にとって新たな発見であった。その一方で，患者

と医療者の分断への橋渡しとしてのナラティブに着目する医療領域とは異なり，音楽療法におけるナラティブの可能性についてはまだ十分に検討しきれていない。そこで，いくつかの事例を提示した上で，音楽療法にナラティブの視点を取り入れることの意味について改めて考察してみたい。本稿では，まずは各事例について考察を行い，その後に総合考察を行う。なお，事例は音楽療法をナラティブの視点から検討するという目的に照らして必要な情報のみを抽出し，個人情報が特定されることがないよう配慮した形で提示する。

事例1　自閉症の子どもとの即興演奏

　自閉症の子どもが両手にバチを持って小太鼓に向かっている。3拍子のリズムに苦戦している。トン・トン・タタン・トン・トン……。一心不乱にバチを振り下ろしながら，リズムがとれていないことに気づいており，それが不満気な様子である。私は傍らでピアノを弾いている。シンプルな和音を3拍子でゆったりと。テンポは一定に保ちながらも，1拍目は彼がタイミングをつかめるように，誘うように弾く。ズン・チャッ・チャッ・ズン・チャッ・チャッ……。彼はたまにウウウーとうなりながら，私の方を見ることはないが，ピアノの3拍子は聞いている。トン・タタタ・トン・トン・タタタ・トン・タン・タ・トン・タ・タン・トン・タ・タ・トン・タ・タ・トン・タン・タン・トン・タン・タン・トン・タン・タン・トン・タン・タン。私が思わず子どもの方を見ると，彼はニヤリとこちらを見る。

　音楽療法では即興演奏がしばしば行われる。とくに言語能力が未発達な子どもとのセッションでは音楽が重要な媒介となる。「音楽療法はクライエントの表現を促すために行うのですか」という質問を受けることがあるが，そうとは限らない。クライエントの表現やコミュニケーションを促進するためのツールとして音楽活動を行うことがあれば，クライエントと音楽療法士の間で音楽を共有することで生まれる体験そのものに注目する場合

もある。いずれにせよ，セッションの中で互いに言葉をやりとりする頻度は少ない。3拍子を叩けないことへの苛立ち，ピアノと太鼓による探り合いの音色やリズム，音に耳を澄ましながらタイミングを探っている二者の呼吸，リズムが合いそうで合わない時の落胆，最後にリズムが合った時の驚き，高揚感，緊張感，子どもがニヤリとこちらを見た瞬間，これらをうまく説明する言葉が見つからない。普段はセラピストと目をあわせることもない子どもが音楽を通じてコミュニケーションを図り，自己の感情を表現することができたというようなことを私は説明したいのであろうか？子どもの苛立ちに対して音楽的に寄り添い，感情を共有したなどとこの場面を説明したところでどのような意味があるのだろうか？　なんのために説明を試みるのかもわからなくなるのである。

事例2　認知症高齢者の集団音楽療法での風景

　ホールの一角で集団音楽療法が行われている。参加者が歌っているのはいわゆる懐メロである。戦後最初のヒット曲と言われた「リンゴの唄」の歌声とともに戦後の闇市や復興する街のイメージが浮かんでくる。「あの頃はほんとうに苦労した」，「とにかく一生懸命がんばったよ。子どもだけは食べさせないといけないからね」，「戦争が終わったのはホッとしたんだよ。もう戦争はいやだね」と参加者は口々に語る。語られる内容は苦労話が多いのだが，それでも語る人と聴く人の表情は穏やかで明るい。戦前に流行した「旅の夜風」を歌う。大病院の息子と看護婦の恋の物語である「愛染かつら」の主題歌である。「これは流行ったんだよねえ」，「あの女優さん誰だったかしら？」。「ほんとは映画館に行くのは校則違反だったんだけど，隠れて見に行ったものよ，ウフフ」と懐かしい青春時代の思い出がよみがえる。主演の上原謙の写真を見て「私ね，フアンだったのよー」とすっかり娘時代の表情に戻っている人もいる。

　音楽や歌によって記憶やその時の感情がよみがえるという経験は珍しいことではない。音楽には

皆で共有されうる記憶が結びついていることがあれば，その一方で，きわめて個人的な体験や豊かな感情を伴うこともある。音楽療法では，このような音楽の効果を利用した回想法が頻繁に行われる。とくに，音楽にまつわる記憶が多くなる成人期以降のクライエントを対象とした音楽療法では，意図せずして回想法が展開されることも少なくない。集団セッションの場合には，集団の年代や嗜好性を考慮した上でその日のテーマに沿った選曲を音楽療法士が行う。選んだ曲が参加者全員に「ヒット」するとは限らないが，上述の例のように思い出や感情体験を他の参加者と語りあい，共有することができる。その日のテーマによって語られる内容は異なるが，青春時代，社会的にインパクトがあった出来事，卒業，結婚，出産と子育て，仕事など個人史の中で重要な出来事が多く語られる。こうした語りは，語り手と聴き手の中に鮮明なイメージや感情を喚起し，両者は音楽とともにイメージや感情を共有していく。その共有作業においては，言語化することが困難なイメージや強い感情も音楽によって媒介され非言語的に共有される。イメージや感情の共有と関係性の構築は音楽療法の参加者にとって間主観的な体験であり，その体験プロセスを支える音楽が存在するのである。

事例3　私たちの歌[注1]

　私は，アメリカでユダヤ系の高齢者施設で音楽療法の実習をしていたことがある。当時の私は英語が十分に話せなかったこともあり，重度認知症の入所者とのやりとりに苦戦していた。アメリカではよく知られている歌を歌ってみても，楽器演奏を行おうとしてみても，参加者の反応はとても鈍かった。そこで苦し紛れではあったが，それまでは言葉の問題で避けていたユダヤの歌を取り入れてみることにした。必死で歌を練習し，ある日の実習でハバ・ナギラという曲を恐る恐る歌ってみた。すると，参加者はにわかに活気づいて歌い始めたのである。なかには「あの子，私たちの歌を歌ってるよ！」と驚きの表情を見せている人もいる。私も自分で歌っておきながら，その「私たちの歌」の威力に驚くばかりだった。

　さまざまな民族，文化，宗教に固有の音楽があり，それらの音楽は人々のアイデンティティを形成するものである。この実習での経験を通じて，私はユダヤ系アメリカ人にとってユダヤの歌が私たちという意識を強く支えているということを知るに至った。ただ，これはアメリカのような多民族国家ならではの出来事というわけではない。日本各地に伝わる民謡はまさにその土地の人々にとっては「私たちの歌」であると言えるかもしれない。西洋音階では表現しきれない音程，独特の節回しとリズム，歌詞の発音などは，その歌とともに育った人々でなければ表現することが難しい。音楽療法では，民謡が始まると，それまでは静かだった人が手拍子をしながら朗々と歌い始めることは珍しくない。「音楽はよくわからないけど民謡は好きなんだ」と話す人もいる。民謡は，「音楽」という特別なものではなくその人の中に根づいた感覚であり，日々の生活の一部なのかもしれない。

　音楽はある集団に属する人のアイデンティティ形成に寄与する一方で，個人の人生において重要な意味を持つこともある。こうした音楽はその人の思い入れを伴う場合があれば，音楽そのものに強い思い入れはなくとも，その曲にまつわる出来事が特別な場合もある。いずれにせよ，そのような音楽はその人にとって人生のテーマソングのような存在になりうるが，音楽療法ではこうしたテーマソングが見つかることがある。思い出の曲，大好きなアーティストの曲，自分の人生をそのまま反映したかのような曲，自分のために歌ってきた曲，などそれらの曲にはさまざまなテーマを含んでいる。テーマソングは明るく前向きな人柄，苦労に満ちた人生，独特のユーモアや知性など，クライエントの語られない人となりや背景を映し出すことがある。精神疾患や認知症により語りの内容が必ずしも正確であるとは限らない場合でも，思い

注1）事例3は，2019年8月発行の「音楽の力を感じるとき」心理臨床の広場，12(1); 14-15. でも紹介した。

出を語ったり歌ったりする様子からその人らしさを垣間見ることができる。そうした様子を見るたびに，語りの正確性は必ずしも本質的な問題ではないと思うのである。

事例4　復興支援の音楽活動

　ある仮設住宅の集会場に住民が集っている。私はキーボードの前に座り，配られた歌詞集から歌いたい曲を選ぶよう参加者を促す。歌詞集にあるのは「青い山脈」「二人は若い」「知床旅情」「高校三年生」などの昭和歌謡である。誰かが曲を選び，私が伴奏を弾いて皆で歌う。歌の合間に口々に歌にまつわる思い出話や，歌手に関する芸能情報が語られる。大声を出して歌えることがうれしいと笑顔で話す人もいる。特別な雰囲気になるのは「川の流れのように」を歌ったときのことである。先ほどまでの明るく軽快な雰囲気は消え，しんとした空気の中で歌声が流れる。やや重苦しい空気が漂い，涙をぬぐっている人もいるのだが，不思議と悲壮感は感じられない。有名なサビの部分を歌っている時は，それぞれの世界の中で時間が止まったかのようである。歌い終わっても誰も何も語らず，歌の余韻に身をまかせるだけである。

　音楽療法の場の雰囲気は，音楽がもつ雰囲気だけでなく，会話のテーマ，参加者やセラピストがもつキャラクターなどによって一度のセッションの中で幾度も変化する。明るく，活気に満ちたポジティブな雰囲気だけでなく，暗さや不機嫌さに覆われたネガティブな雰囲気のこともある。だるさや眠気に満ちた覚醒度の低い雰囲気は高齢者のセッションではおなじみである。「今日の音楽療法は盛り上がっていてよかったですね」とスタッフから声をかけられることがあるが，じつは音楽療法士は場を盛り上げることをつねに目指しているわけではない。どのような雰囲気であろうと，その場の雰囲気には何らかの意味がある。音楽療法士は，その場の雰囲気に合わせた音楽の選曲や演奏の仕方で対応することがあれば，ただその場の雰囲気をともに味わうということもある。

　「川の流れのように」はその場の雰囲気を独特なものにする力を持つ曲の1つである。苦しみ，理不尽さ，疲労感にただ身をまかせる人々がこの曲のモチーフやメロディーによって支えられ，独特の空気感を作り出す。歌った体験の言語化を促すこともない。自発的に語り始める人がいれば，その語りに耳を傾けることはあるが，そうでもない限り，その場の雰囲気をお互いに共有するだけである。同じ境遇にいる参加者同士にとっては，それで十分なのかもしれず，それが唯一できることなのかもしれないからだ。

総合考察

　4つの事例からは，1）音楽療法の出来事を語ること，2）音楽を通じた相互的交流，3）イメージ，感情，記憶，雰囲気の共有，4）音楽を通じたその人らしさの発見，がナラティブ・アプローチに関連すると思われる要素として挙げられる。本項では，これら4つの要素について，NBMや心理療法に関連する諸論考を引用しながら考察を行う。

　1）の音楽療法の出来事を語ることは，音楽療法が抱える課題である。確かに，4つの事例のように言語的に説明することは可能である。その一方で，言葉で説明することの意味について考えさせられたり，言葉では到底説明し得ない事象が存在したりすることも少なくない。可能な限りの言葉を尽くしても，どこか不全感が残るものである。芸術療法とは，表現するだけではなく芸術を享受することによるカタルシスがあり，そもそも芸術ははじめから癒しを目的としているのではなく，カタルシスが結果として生じるものであると霜山（2012）は述べる。私は音楽を享受することで生じるカタルシス体験について言葉で説明する努力はすべきだと思う一方で，言葉で理解可能な事象だけに注目することも回避すべきであると考える。なぜなら，音楽療法では言語化できないものの，それでも重要な意味が含まれている事象が多数存在するからである。上述の2）から4）の要素はまさにそうした事象である。

物語は，語り手と聴き手の相互的交流によって生成される（グリーンハル，2008）。斎藤（2003b）は，安定した治療関係のために必要とされる「治療者」，「患者」，「共有される話題」の3者関係に関する神田橋の論考を引用しながら，治療の場における「共有される話題」は絵画やイメージに置き換えることが可能であるとしているが，2）音楽を通じた相互的交流においては音楽も「共有される話題」となりうる。4つの事例では，音楽的な体験を共有するだけでなく，それに付随した言語的および非言語的なやりとりが音楽療法士とクライエント，またはクライエント間でも生じていた。さまざまな記憶の想起，感情の発露，心理的なつながりやそれに伴う雰囲気の共有なども音楽を通じた相互的交流に含まれ，これらは物語の生成に寄与する。また，音楽を共有することで生じる関係性の深まりは，クライエントとセラピストの脆弱な部分にふれる可能性があるプロセスでもある。シャロン（2006）が「書き手の作品を読んだり書いたりする行為は，神秘的といえるほどの親密さを受け手に贈り」（p.79）と説明するように，音楽体験を共有するという行為による臨床的な倫理性を改めて意識させられることが少なくない。

クライエントにとってなじみのある歌や彼らの文化や背景に深く根差した音楽を共有するという体験は，その音楽にまつわる記憶やイメージを喚起し，それに伴う感情的な交流を促進する。3）のイメージ，感情，記憶，雰囲気の共有は，クライエントとセラピストの間で生じる間主観的な体験によるものである。例としては，事例で示された音楽を通じた関係性の構築，青春時代の思い出や戦後の風景イメージの共有，音楽が作り出す雰囲気の共有などが挙げられる。また，2）と3）を経て，4）音楽を通じたその人らしさの発見に至ることがある。このような2）〜4）にまつわる体験は，瞬間的でありながらも強い印象を残すことがある。霜山（2012）は心理療法の治療過程で治療者と患者の間で体験される「一種のある高揚した感じ」（p.78）について次のように説明してい

るが，音楽を通じた体験もまさにこの「感じ」である。

それは言語化することは難しいが，ともあれ，意識して何かをやっているという感じはなく，普段のときより生き生きとしているにもかかわらず，自我感は喪失して，すべては関わり合っているという，相手や世界との融合の感じである。そして意図していない強度の集中のため，普段の日常的なことは忘れられ，それとは関わりのない，全く異なった世界に入る。

霜山はこのような体験によって心理療法が新たな展開に至ることについて言及している。音楽療法でもこうしたブレイクスルーとなりうる体験が得られることがある一方で，そうした体験の後にあっさりと以前の困難な状態に戻っていることもある。このような音楽療法のプロセスは螺旋形を描きながら展開していく微細な変化の連続であると音楽療法士の生野は表現する（佐藤，2018）。とかく音楽療法は，劇的または奇跡的な変化が期待されがちなのだが，実際の音楽療法の臨床現場は方向性の定まらない螺旋形のプロセスそのものなのである。それゆえに音楽療法におけるナラティブからは時間性や因果性を見出すことが難しい。音楽は時間の芸術であるにも関わらず，物語に枠組みを与える時間性や因果性ではなく，枠組みから独立した間主観性や個別性という要素が浮き彫りになる（Otera et al, 2020）ということは興味深く，それが音楽療法の特徴であるのかもしれない。

それでは，音楽療法における間主観性や個別性を見出すことが臨床的にどのような意味を持つのだろうか。治療者のこうした事象への繊細な理解は，よい臨床を促進するだけでなく，治療者自身の臨床家としての成長にも有益である。ただ，それ以上に音楽体験を共有することそのものが音楽療法に意味をもたらすのであると私は考える。すでに述べたとおり，音楽体験を共有することは，「相手や世界との融合」をする体験であり，ただ素朴に音楽を聴いたり，演奏したり，創作したりすることによる楽しみや美的体験を共有することであ

る。霜山（2012）は，心理療法における「素足性」の重要性について言及している。さまざまな理論や枠組みは靴であり，それを履くことなく素足で臨床の場に立つことを霜山は「素足性」と表現している。音楽療法にも実践の基盤となる理論があり，つねに「素足」で音楽療法が実践されているわけではない。それでもなお，音楽はその場にいる人を知的解釈や言葉に依ることのない空間に立たせ，お互いの立場を超えた融合的体験をもたらしてくれるのではないだろうか。そうした融合的体験において，障害や疾患に隠されていたクライエントのその人らしさが垣間見えることがある。それは病前の姿かもしれないし，障害や病いを抱えた現在の姿かもしれない。あるいは，これまで誰にも見せていなかった姿かもしれない。いずれにせよ，それは言語的な解釈の必要性を乗り越えうる体験であり，私はこれこそが音楽療法の治療法としての強みであると考える。

おわりに

本稿においてナラティブという視点から音楽療法の特徴を思索することで，私は音楽療法の場が多層的かつ流動的な非線形のプロセスであるということを改めて認識するに至った。こうした作業によって，音楽療法を考え，説明する言語を得ていくことができる。また，言語的に説明されない，または説明することが極めて困難な部分についても気づかされることになる。そのような，気づきもまた音楽療法とナラティブ，という文脈における物語の一つであるといえるのだろう。

文　　献

Aldridge, D.（2000）Music therapy: Performances and narratives. Music therapy world. Research News 1 November 2000. https://www.wfmt.info/Musictherapyworld/modules/archive/stuff/papers/TalkPSYCH3.pdf

Aldridge, D. & Aldridge, G.（2002）Therapeutic narrative analysis: A methodological proposal for the interpretation of music therapy traces. *Music Therapy Today (online)*, December, http://musictherapyworld.net.

Charon, R.（2006）*Narrative Medicine.* Oxford University Press.（斎藤清二・岸本寛史・宮田靖志・山本和利監訳（2011）ナラティブ・メディスン. 医学書院.）

ブルシア, ケネス・E（生野里花訳, 2001）音楽療法を定義する. 東海大学出版会.

グリーンハル, トリシャ（2008）グリーンハル教授の物語医療学講座. 三輪書店.

Hadley, S. & Edwards, J.（2016）Narrative inquiry. In: Wheeler, B. L.（Ed）*Music Therapy Research 3rd ed.* Barcelona Publishers,

Otera, M., Saito, S., Kano, H., & Ichie, M.（2020）Clinical characteristics of home-based music therapy in supporting personhood in people with dementia. *The Arts in Psychotherapy*, **70**. https://doi.org/10.1016/j.aip.2020.101682.

斎藤清二（2003a）ナラティブ・ベイスド・メディスンとは何か. In：斎藤清二・岸本寛史著：ナラティブ・ベイスド・メディスンの実践. 金剛出版, pp.13-36.

斎藤清二（2003b）事例研究 E. イメージと語り. In：斎藤清二・岸本寛史著：ナラティブ・ベイスド・メディスンの実践. 金剛出版, pp.226-229.

佐藤由美子（2018）音楽療法とレクリエーションの違いとは？　生野里花氏インタビュー. https://yumikosato.com/category/podcast/

霜山徳爾（2012）素足の心理療法. みすず書房.

メディカル・ヒューマニティとナラティブ・メディスン：§3 ナラティブ・メディスンを読み解く

臨床実践の観点から

岸本寛史 *

* 静岡県立総合病院緩和医療科

I　ヒューマニティとナラティブ・メディスン

　本稿では，メディカル・ヒューマニティとナラティブ・メディスンについて，臨床実践の立場からの論じるということで，事例に即しながら考えていきたい。「ヒューマニティ」は，（自然科学に対して）「人文科学」という意味があり，メディカル・ヒューマニティは医療人文学と訳される（本特集にも「国際教養と医療人文学」の項がある）ことを考えると，医療における人文科学という意味がまず想定される。一方で，ヒューマニティには「人間性，人間らしさ」とか「人情，慈愛，親切，思いやり」という意味もあり，メディカル・ヒューマニティとは，医療における人間性あるいは思いやりの心を意味すると素朴に受け取ることもできる。本稿における「メディカル・ヒューマニティ」はこの2つの意味をいずれも含むものとしておく。というのも，「ヒューマニティ」にこれらの意味があることは，この両者に密接な繋がりがあることを示すと思うからである。ここではもう一歩踏み込んで，医療における人間性について考えようと思えば善意や思いやりだけでは足りず，人文科学の方法が必要になる，との立場をとる。そして，「人文科学」の方法として，本特集では「ナラティブ・メディスン」に焦点が当たっているとの前提で論を進めることとしたい。また，「臨床実践の観点から」ということで，医療者を読者と想定して執筆するが，医療者以外の方でも，専門用語を読み飛ばしてもらえば骨子が通じるように心掛けた。

　本稿では事例に即しながら論じる。科学的方法を強調する医学では，一例報告はエビデンス・レベルが低いものと位置付けられるが，ここでは，臨床心理学における事例研究に準じ，斎藤の「パラダイムとしての事例研究」（斎藤，2013）を念頭においている。なお，事例の選択においては以下の事情を考慮した。医療は「主訴」から始まる。患者が何らかの不調なり問題なりを感じて医師のところを訪れることから始まる。主訴を聞いた医師は問診や診察，検査を行い，診断を確定させて治療を行う。この一連の行為の背後には医学的概念やエビデンスがあって，それと照らしながら診察や治療が行われることになる。この流れがスムーズにいっている時にはヒューマニティはあまり問題にならないだろう。問題は科学的医学の枠組みで実践を行うだけではうまくいかない時に生じやすい。それゆえ，本稿ではそのようなケース，科学的医学によるアプローチでは限界があったケースを取り上げることにする。このケースで論じる内容は，医療全般にも拡大することが可能だと考える。

II　緩和チームに紹介されるまでの経緯

　筆者は緩和ケアチームの一員として，主治医から症状緩和の依頼を受けて診察に行くという形で診療をしているが，ここで取り上げるのは痛みのことで主治医から相談を受けたケースである。患者は天野さん（仮名）という68歳の男性で，肺

がんの治療中。痛みを強く訴えておられるものの，痛みの原因となる病巣ははっきりしないということで相談を受けた。患者は起き上がると痛みが強くなるため，ほとんど右側臥位の姿勢のままで過ごしておられた（しばらく医学的な記述がしばらく続くが，病歴は後でもう一度日常的な用語で振り返るので，ご容赦願いたい）。

まず病歴を紹介する。2カ月前からの咳嗽，1カ月前からの食欲低下，血痰，胸痛，腰痛にてX年3月4日に近医を受診。レントゲン検査で肺がんを疑われ，翌日には当院の呼吸器内科を紹介され受診した。3月7日にPET検査を施行され，原発巣と考えられる左肺下葉の腫瘍のほか，肺門リンパ節や肝臓，膵臓，副腎，腸骨や恥骨，坐骨などの骨に集積を認め，多発転移の状態であった。他に胸水も認め，がん性胸膜炎，また腹膜播種と思われる病巣も認めた。3月11日には気管支鏡検査が行われ，1週間ほどで肺小細胞癌との結果が確定した。治療の相談を行う予定であったが，3月18日には全身倦怠感が強くなり予約外で受診をして入院となり，その日には心房細動という不整脈の発作があり，また同時に肺炎も認め，投薬治療が行われた。

3月20日に抗がん剤治療が行われ，3月28日には胸苦しさはほぼ消失したが，嘔気が遷延し，軽減したのは4月11日ごろ（抗がん剤の点滴から3週間後）であった。4月14日に発熱を認め，抗生剤治療を開始。4月16日には，体力がかなり落ちているため2コース目の抗がん剤治療は難しくなっていると説明が入る。

4月23日に退院されたが，5月2日に動くと痛みが出るので寝たきりとなっているということで入院になる。アセトアミノフェン（商品名：コカール）では鎮痛が不十分でロキソプロフェンを使うもあまり効かなかった。5月5日には「コカールが効いた」といわれるが，セレコキシブを追加されるも，こちらは効果を実感されず。痛みのため，ほとんど右側臥位で過ごしておられ，少しでも起こそうとすると激しく抵抗されるという状況が続いていた。食事も寝たままでとっておられ

たが吐き気もあり，あまり食べられていない。

CTの検査からは，これほどの強い痛みの原因になると考えられる病巣は検出されておらず，鎮痛剤の効果も，鎮痛効果の強いとされるロキソプロフェンやセレコキシブは効果がないと言われ，それらよりは弱いとされるコカールの方が効くといわれるなど，医学的には疑問符が付くような訴えが続き，疼痛コントロールに難渋し，5月9日に緩和ケアチームに紹介となった。なお，家族構成は，妻と二人暮らしで，二人の息子さんはいずれも県外に在住であった。

Ⅲ　病歴の一人称的な読み

診察の前に，私は可能な限り病歴を詳しく辿っておくようにしている。上記の病歴は，医学的観点からの通常の記載であり，医療者であればおおよその経過を想起できると思う。しかし，これは外からの視点で経過を記載したもので，患者自身がこの経過をどう体験していたかはわからない。もちろん，尋ねればよいのだが，その前に，この三人称的な病歴の記載を，一人称的な観点から想像力を働かせて辿っておくことが，患者を理解する有効な一つの入り口になると考えるので，試みてみよう。

3月4日に初めて病院を受診し，2週間ほどで肺がんという診断が確定し，しかも進行がんであることが告げられた。天野さんからしてみれば，激変の2週間であったことだろう。がんと告げられるだけでも大変なのに，すでにあちこちに転移しているとわかり，死が眼前に迫ってきた思いで，その恐怖も相当なものだったと思われる。だるさも強くなって，入院。すぐに不整脈の発作。不整脈も天野さんが感じていた強いストレスの影響もあるだろうが，本人としてはさらに恐怖が強まったのではないかと思われる。そういう中で抗がん剤が始まり，少し胸苦しさが楽になったかと思えば，今度は吐き気に悩まされる。これを乗り越えられなければ次の治療はないとわかっていても気持ち悪さは続き，夜も眠れず，食事も取れないため体力はどんどん消耗していく。焦れば焦るほど

食べられない。そして恐れていたことが現実になる。抗がん剤治療はこれ以上続けるのは難しいと説明を受けたのだ。治療ができないということはそのまま死への道行を意味するのだから，さまざまな思いが出てきて当然だし，痛みが強くなるのも無理はないという状況ではないか。

こんなふうに，病歴をただ医学的な治療の継時的記録と見るのではなく，患者自身の視点から病の体験を想像するための手がかりととらえるのである。もちろん以上は私の想像であるから，実際のところは聞かないとわからないが，一人称的な視点から病歴を辿り直しておくことが，良好な関係を作るための構えを用意してくれる。ただし，実際に診察に臨む時には，こちらの先入見で相手の語りを誘導しないために，この構えを一度白紙に戻して聞く必要がある。

Ⅳ　治療の経過

以下，具体的なやりとりを示しながら治療経過を示す。「　」は患者の言葉，〈　〉は私の言葉である。これらの言葉は，診察の後記憶に基づいて作成した逐語録からの引用で，やりとりを録音しているわけではない。

5月9日

〈症状を楽にするお手伝いということで伺いましたが具合はいかがですか？〉「胸が痛い。ずっと。あとは吐き気。ずっと拷問を受けているような感じです」〈夜はどうですか？〉「昨日は眠れたけど，それまではほとんど眠れなかった。食事もとれない」〈治療も一度受けられたけどしんどくなられたんですよね〉「そう。胸が痛いので，動かすのも怖くなって」〈お腹は？〉「お腹の痛みはない。足はやせた。20キロくらい体重も減りました。何か方法はありませんか」〈すぐにこれを飲めば痛みがとれるというのはないですが体が少しでも楽になるように考えてみます。主治医の先生とも相談してみます〉「お願いします。コカールは効く。一日2回の薬（セレコキシブ）はかえって痛みが強くなりました。すがるものがないので」

右側臥位で痛みに対する怖さのためか，保清も十分にできていない様子。ベッドサイドで顔が見える位置まで移動して腰をかがめて話を聞いたが，表情は固く，最後まであまり視線を合わせることなく話された。痩せは目立つ。焦燥感も感じられる。調整の方針として，「コカールは効く」と言われたので，それを軸に据える方針とし，先ずは「拷問を受けている」程だと言われた吐き気を調整することとした。主治医と直接話し合い，オランザピンを追加して吐き気の軽減と睡眠確保を図りつつ，鎮痛薬の調整を行なっていくとの方針を共有した。

5月10日

「昨日は眠れました。痛みも出ませんでした。吐き気も治まったので朝も少し食べられました。まだじっとしていたい感じですけど，少し楽になってきています」。嘔気は軽減して少し食べられたと。痛みも少し治まってきている。表情はまだ固いが昨日よりは和らいでいる。

5月13日

「この3日間，痛みは楽でした。夜もぐっすり眠れています。今日は朝少し痛みがありましたが我慢できないほどではなかったです。今は少し落ち着いてきています。塩分がたりないそうなのでこういうもの（せんべい，塩飴，ポカリなど）をとるようにしています。最初に入院したとき大変で，1回退院して8日が入院予定だったのですがそれまで待てなくて2日に入院させてもらいました。座っていても胸が痛くなるので横になってしまう。体重も減りました。でもこの3日は，半分以上食べれています」。まだ横になったままで，起きるのは怖い様子。

5月14日

「今日は調子があまりよくないです。夜はぐっすり眠れました。吐き気もなくなりました。食事はあまり食べられなかった。でもこうしていても仕方ないのでね，少しは動いていくようにしないと

思っているんですけどね。まだ怖くて。急にこんなことになったものでびっくり。いろいろやりたいこともある。家に帰ってやりたいこともある」〈少しずつ体を慣らしながら動けるようになっていくといいですね〉「同時にたくさんのことはできないし，一つ一つクリアしていかないと，と思っています」。調子が悪いとのことであったが，今日は最初から視線も合い，まわりにも目を配りながら話され，自分から「少しずつ動いていくようにしないと」との言葉も聞かれ，気持ちも少し前向きになってきている。

5月15日

「昨日の夜もよく眠れました。痛みもないです。朝も完食でした。少しずつ動けるようにリハビリをと思っていますが，同時にいろいろなことはできないので一つずつクリアしていく感じですね。家に帰れたら帰りたいですけどね」

5月16日

「調子はいいですよ。塩分が足りないらしいからがんばってせんべいとか塩気のあるものを食べています。ずっとねたきりはいやなのでね。でも動けるか心配もある。今日からリハビリも来てくれるらしい。夜はぐっすり眠れています」。落ち着いておられる。動くことに怖さは感じていてまだ寝たままではあるが，応答はかなり自然な感じになってきた。

5月20日

「痛みは，起きると痛くなるので怖くて。だから，寝たまま食事を食べています。痛み止めはもらっています。ずっと寝たままはいやなので。山を歩いている夢は何度も見るんだけどね。御嶽山とか」。5月17日からリハビリが始まり，18日は一度座って食べようとされたが，7割くらい食べたところで痛くなったとのこと。自分からやってみようという気持ちと怖いという気持ちと両方ある。訪室時は左側にも向かれるなど，少し可動範囲は増えている。ご自分のペースで進めていた

だくのがよいか。

5月21日

「今日は調子悪い。床ずれができるからって左を向いて寝ていたら痛くなって今やっと治まったところ。動かすと痛くなる」〈痛み止めを少し考えてみましょうかね〉「お願いします」。嘔気は治まっているが，動くことに怖さもあり，実際に痛みも出てくる。痛み止めを追加するのをきっかけに動けるようになればと考え鎮痛薬を調整することとした。主治医と相談して，プレガバリン 50 mg／日を開始した。

5月22日

「今日は痛みはないです。ただ，動くのは怖いですが。でも痛みはよくなった感じです。さっき，起きてみました。痛みは出なかったですがめまいがしました」〈あまり慌てずにゆっくりやりましょう〉「でもね，先生，自分には時間があまりないように思うんだよ。だから，あまりゆっくりもしていられない。家に帰ってやりたいことがあるからね。一度家に帰れたら」。プレガバリンを開始して痛みは軽減しているようで，少し自分でも起きてみられたりしている。まわりから励まされるのは負担なようで，本人のペースを見守っていく。

5月23日

「昨日は20時くらいにちょっと痛くなった。どうしてですかね。ちょうど薬もらう時間で，そのあとは治まりました。今も治まっています。社会復帰は無理ですかね。去年はこの時期，わらびとか山菜を採りに行ったりして灰汁を抜いたり，いろいろやってたんだけどね」。昨夜少し痛みが強くなったようだが，おおむね気にならずに過ごせている。ただ，話しているときに時々痛みが襲ってくるような様子は見受けられる。

5月24日

「昨日の夜は少し寝返りを打ったりしたら痛くなって。動いたらいたくなるとわかっているので

自分が悪いんですけどね。治まりました。今も大丈夫です。30日に転院が決まりました。向こうに行って退院できるかどうかですね。もうできないかもしれないかな。やりたいことがあるのでね。三途の川を渡ることになるかな。三途の川は川が三つあるんですよ。知らないですか？　山水瀬と江深淵と有橋渡（知らなかったので書き留めていただく）。普通の人は浅瀬を渡れるけど，殺生たくさんしてきたから（釣りのことか），深くて魑魅魍魎のうようよ居る川を渡ることになるかな。ガス爆発の事故の時も現場に居たんです。前の人と後ろの人は亡くなりました。頭もめくれて脳みそが出ていたり。それは悲惨でした。それで人生が変わりました。仕事ばかりの人生ではつまらない，自分のやりたいことをやらないと，と思ってやりたいことをやりましたよ。今度の病院は川がみえるかな。岐阜の方だったか，先生にももうだめと言われたがん患者さんが，病院のそばで毎日川を見ていたら病気がよくなったとかいう話も聞いたことがあります」。痛みは軽減してきているものの，話しながらもまだ痛みが襲ってくる様子もあり。主治医と相談してプレガバリンを 100 mg／日に増量して頂くことに。自分でも残された時間をどう過ごすか考えておられる。

5月27日

「昨日の夜は痛くなったけど，薬をもらって，それで落ち着きました。調子はだいぶよくなって，今日も調子いいので，車椅子に乗れたらと思ったりしています。でもあまのじゃくなので，がんばれと言われるのはきらい。食べなくていいよと言われると気持ち悪くなっても食べようとしたりするところがあります。あと，声がまたかすれるようになってきました」。時々痛くなるが対処できており，今日はリハビリで車椅子に乗ってみたいとのお気持ちもあるようだが，周りから言われるのは嫌なようで，ご本人のペースで。

5月28日

「夜2時頃に一度痛くなりましたが落ち着きました。調子はいいですよ。リハビリもがんばろうと思います。もう長くないことはわかっているけど，このまま（最後を迎えるの）ではつまらない。去年は元気だったんですよ。富山と岐阜の方にいって，山を歩いて山菜を採って天ぷらにしたり。2カ月と言われて，悪い予想は大体当たるからね，どうかなと思っているけど。死ぬのは仕方ないと思っているけど，もう少し楽しいこともね。がんばろうという気持ちともうだめという気持ちと波がありますね」。山の話は生き生きとされる。

5月29日

「昨日は車椅子に移るときに胸が痛くなって，痛み止めをもらいました。1時間くらいで治まりました。今日もリハビリ，お風呂があって，明日転院に備えます。あまのじゃくなので優しくされるとがんばろうという気持ちになる。仕事をしているときにも偉そうにする上司には反発して部下を守るという感じだった。学校でも先生によく怒られました」

5月30日

（咳き込まれている）〈大丈夫ですか？〉「はい，大丈夫です。昨日は調子よかったです。リハビリで（歩行器を使って）歩けました。ありがとう」。こうして，歩行器で歩けるところまで回復され，転院していかれた。

V　ナラティヴが描き出す姿

医学的に説明がつかない痛み。それも，起き上がることもできず，終日右側臥位の姿勢を強いるような強い痛み。どうすればそんな痛みを和らげることができるのか。こういう状況を打開する手がかりを，筆者は語りに探すことが多い。医学的に説明はつかないかもしれないが，まず話を聞いてから考える，というスタンスで臨むのである。とはいえ，「まず聞く」ということが難しい。どう聞くかを考えるために，例えば筆者であれば臨床心理学のさまざまな知見が，ナラティブ・メディスンであれば，文学のさまざまな手法や議論が生か

されることになる。上記の天野さんの経過は，ただ患者の言葉を並べているだけのように思われるかもしれないが，実際に診療をこのような形式で記録に残すということをしてみれば，患者の言葉を記録に留めることが，大変だが，どれほど意味のある作業であるか，わかっていただけると思う。記録に留めるという意識を持つだけで聞き方が変わってくる。しかし記録に意識が向きすぎると話の流れにコミットできない。話を聞くためには訓練が必要であり，患者の役に立ちたいという思いだけでは「素朴な現実主義者」（Jones & Tansey, 2015）にとどまってしまう。

　天野さんの場合，話を聞いてみると，吐き気が拷問を受けているほど辛いと言われたので，まず吐き気を和らげることから始めた。この最初の出会いで関係がうまく結べたのは，先に述べた「病歴の一人称的な読み」があったからだと思う。そして，選んだ制吐薬もうまく効き始め，徐々に食事もとれるようになってきた。こうして話を聞きながら関係ができてきたところで，自ら起きてみようという動きが見え始めたので，そのタイミングでプレガバリンという，鎮痛補助薬として分類されるような鎮痛薬を提案してみた。ご本人も薬の効果を感じられ，少しずつ自分で起きてみようとされたりしている。

　一つの転機となったのは5月24日の，三途の川とガス爆発の事故の語りだったと思う。こちらの聞き方を特に変えているわけではないが，この日はいつになく，溢れるように語られた。筆者は経験的に，このように語りがあふれる時期があることに気づいていた。強い緊張が緩んでくると，語りの水準が物語的水準に移り，そこであふれてくる語りをきちんと受け止めることができれば，現実的水準への移行がよりスムーズになる。語りの水準（岸本，2020）について述べる余裕はないが，語りの内容だけでなく，語りの形式的な側面にも目を配りながら話を聞いていた。

　もし，話を聞かずに，オランザピンとかプレガバリンを処方したとして，このように動けるようになられただろうか。私はそうは思わない。話を

聞きながら処方をしていったからこそ，痛みも和らいだのだと思う。臨床のこのような側面は，患者を対象化して客観的に捉えようとする近代科学のアプローチでは捉え難い。ここで示したアプローチは，患者を客観的に診察し，診断を確定して，それに即した治療を行なっていくという通常の医学モデルとは全く異なるものである。個別の価値観や文脈，経過などに目を配りながらきめ細かに対応し，語りの中に治療の手がかりを探していく。それを命綱として，半歩先を見ながら進んでいくうちに視界が開けていく，そんなアプローチであり，治療者自身も主体的に関与していくことが求められる。そのような関わりをしていくためには，患者の語りに現れてくるような主観的側面と取り組むことのできる方法が必要になる。

VI　三角測量

　カルテを語りベースにすると，ここで示したような展開が見えるようになるが，医療においては，多くの場合，このような側面はほとんど視界に入ってこないのが現実である。それは，カルテの記載は，医学的な書式に則り，客観的，三人称的な視点からの記載に終始することがほとんどだからである。医学は客観性を重視する近代科学のパラダイムに則っている。だから，患者の体験といった主観的な側面や，医療者と患者の関係といった関係性の側面を視界に入れるためには，こういった側面を扱う人文科学の方法を意識的に取り入れる必要がある。

　しかし，それは簡単なことではない。ナラティブ・メディスンを提唱したリタ・シャロンは，コロンビア大学にナラティブ・メディスンの修士課程を創設したが，彼女自身，文学の博士号を取得し，文学の方法論を徹底的に学んでいる。単なる善意や意気込みだけでは足りないのである。ナラティブ・ベイスト・メディスンの提唱者の一人，ブライアン・ハーウィッツがナラティブに関心を持つ医療者が「献身的で素朴な現実主義者」に堕してしまう危険性を指摘したのに応えて，シャロンは，（ナラティブ・メディスンのコースには）「詩を教

えることを趣味とする小児科医は要らない」，「ナラティブ・メディスンに関連するどんな分野でもよいが，その最終学位を持っていないものは医学生には教えることはできない」と厳格な態度を示している（Jones & Tansey, 2015）が，医療と人文学を統合しようと思えば，このような厳しさが必要になるということであろう。

このような厳しさを持たないと，三角測量（Charon & Marcus, 2016）をすることができない。三角測量とは，患者とやりとりをしているときに，「患者と私自身を同じ距離と角度から二人の異なった人間として『見る』こと」であり，そのために，「行為主体から目撃者へと私自身の主観的視点を移動」させる必要がある。これは，記述行為においては，「特に三人称で書かれる場合」生じやすい。先に，カルテの記載は，医学的な書式に則り，客観的，三人称的な視点からの記載に終始することがほとんどだから患者の体験といった主観的な側面が視界に入ってこないと述べた。それなのにまた「三人称」で書くとなると，主観的な側面が失われてしまうのではないか。

シャロンの上記の記述は，実は「創造的執筆（creative writing）」という方法の説明の中で出てくるものである。シャロンの数十年にわたる知人でもあり患者でもある女性が，急に糖尿病と告げられてショックを受け，急遽，外来の予約をとった。その診察の翌日，飛行機の中で，シャロンはその診察について数ページ書いたところで，前日に起こったことをより明確に理解したと感じた。さらに，患者がどう感じていたかを知りたいと思い，その内容をまとめたものを患者にメールした。それにより両者の理解は深まったという。

これをシャロンは創造的執筆と呼んで，その書き方を分析し，そこで三人称の形式で書くことを選択したのは，自分ではなく，物語そのものがそうしたのだと述べている。病が，患者と治療者の両方の側面から三角測量されることで，「私の記憶以上のもの」を白日に曝すことが可能となるという。通常のカルテの記載が外からの三人称的な記述だとすれば，創造的執筆の形式は，内からの三人称的な記述ということもできるだろう。内側からも自分と患者とを同時に見られるようなもう一つの目を持つことができないと，主観の海に溺れてしまい，独善的となる危険を避けられない。この「もう一つの目」を持つ方法は創造的執筆に限らないが，こういったことを考えていくためには人文科学の方法が必要であり，メディカル・ヒューマニティの意義もそこにあるのではないかと思う。

文　献

Charon, R. & Marcus, E. (2016) A Narrative Transformation of Health and Healthcare. In: Charon, R. et al. (2016) *The Principles and Practice of Narrative Medicine.* Oxford University Press. (斎藤清二・栗原幸江・齋藤章太郎訳（2019）ナラティブ・メディスンの原理と実践．北大路書房．)

Jones, E.M. & Tansey, E.M. (Eds.) (2015) *The Development of Narrative Practices in Medicine C.1960-C.2000.* Queen Mary University of London.

岸本寛史（2020）がんと心理療法のこころみ．誠信書房．

メディカル・ヒューマニティとナラティブ・メディスン：§3 ナラティブ・メディスンを読み解く

組織を変える対話とナラティヴ

——持続的な変革に向けて

宇田川元一 *

* 埼玉大学大学院人文社会科学研究科

I　企業経営とナラティヴ

　私は，企業変革や企業のイノベーション推進について，経営戦略論や組織論の領域から研究や実践を行う経営学者である。経営学者がなぜ『N：ナラティヴとケア』の領域に寄稿するのか，少し意外に思われる方もいることは想像に難くない。おそらく企業経営や経営学の領域とナラティヴや対話という概念や実践は，ナラティヴ・アプローチを展開するさまざまな他分野の方々からすれば，相当に距離があるもののように認識されているのではないだろうか。

　しかし，ナラティヴ・アプローチの思想，とりわけ，Gergen（1999, 2009）に代表される社会構成主義の思想は，経営組織において実践を考える上で，不可欠な視点であると考える。なぜそのように経営学領域で研究を行う自分が主張するのか，その点について考えを述べるところから本稿を始めたい。

　最初に，なぜ他分野の人々からは企業経営や経営学がナラティヴと距離があると認識されているのかについて，少し考えてみよう。一般に，経営組織，とりわけ企業組織は経済的な利益を生み出すことを目的とした集団であると認識されているだろう。事実，かつて経営学の開祖の一人であるDrucker（1942）も，経済的成果を生み出すことが企業経営にとって不可欠であると述べた。Druckerの論点はさておいたとしても，こうした経済的利益と企業組織を強く結びつける言葉は日々私たちも見聞きすることでもあり，一般には利益を上げさえすれば良い集団と認識されている側面もあるかもしれない。しかし，考えてみれば，企業組織とはいえ人間の集団であり，そこに集う人々が動かなければ成果を生み出すことはできない。また，成果を生み出すためには，顧客が存在しなければならず，顧客にとっての価値を創造できなければ，企業組織は成り立たない。顧客もまた人間である。

　このように考えると，組織メンバーにせよ顧客にせよ，人々が何らかのメカニズムによって組織化された行為を生み出すことにこそ，企業経営の実践を考える上で重要な点があることがわかる。組織化された行為を通じて，人々はそこに意味を生成（センスメーキング sensemaking；Weick, 1995）していく。利益はあくまでも意味を構成するもののうちのひとつに過ぎない。

　多くの企業に限らず組織で働く我々がなしているのは，一歩引いてみれば，意味を生成する過程への参加であり，その過程をどのように継続し，時に改めていくのかという実践を考えることが，経営学のひとつの重要なテーマである。つまり，人々がそこに意味を見いだせなければ，企業経営は成り立たないのである。

　ただし，必ずしも上記のような認識は，企業経営の実践者にとって意識化されているものでもないし，経営学研究においても，全面的に議論されているものではない。さらに言うならば，経営学研究とナラティヴ・アプローチは，欧州の一部に

おいて言説分析の研究はあるものの，実践としてのナラティヴ・アプローチは，議論としてのつながりは強いものではなかった。

では，なぜナラティヴ・アプローチや対話に経営学が向き合う必要がある。それは，現代の日本の企業が抱える経営上の問題と大きなつながりがある。具体的な問題としては，全体的にはイノベーションを生み出すことに困難を抱えていることにある。これを現場の視点から見てみると，階層間や部門間の隔たりが大きく，新しい変革的な取り組みを行おうとしても，その実践が困難であることである。今日の日本企業の置かれた状況からすれば，変革は必要である。しかし，必要であるという認識があっても，組織を動かしていくことは，トップ・マネジメントもミドルもロワーもなかなか困難な状況にある。組織生活において，部門や階層が異なることにより，それぞれの生きているナラティヴの隔たりが生じ，このナラティヴの隔たりが，変革の推進を困難にさせている状況にあるからだ。

この組織内の隔たりに対して，実践的に取り組む上では，ナラティヴ・アプローチの観点は極めて有用である。なぜならば，既存のナラティヴ・アプローチはまさに，この異なる現実を生きる人々の隔たりを架橋する実践に，ひとつの重要な意義があるからである。例えば，医療における実践（e.g., 斎藤，2014）では，医師と患者のナラティヴの隔たりに対して，対話的にアプローチする方法論が展開されている。また，看護領域では，例えば，安保・武藤（2010）では，慢性疾患ケアにおけるコンコーダンスの実践を考察し，看護師と患者との対話を通じたセルフケアの確立が実践的に考察されている。

このように，ナラティヴ・アプローチの諸実践では，ナラティヴの隔たりに対する実践的なアプローチが展開されてきた。ここで展開されてきた，支援者のナラティヴにクライアントを巻き込むのではなく，対話的な取り組みを通じて実践を推進するという観点は，経営組織における実践と，何らその論理において異なるものではない。それゆ

えに，ナラティヴ・アプローチは，企業変革や企業のイノベーション推進における課題に極めて整合的な議論なのである。

II　経営戦略論からナラティヴ・アプローチへ

1．日本的経営の衰退と共進化ロックイン

少しマクロ的な観点から，今日の日本の企業社会の状況を考えてみたい。40年ほど遡る1980年代の経営学研究で最も注目された研究テーマのひとつは，日本的経営であった。1970年代のオイルショックから1980年代にかけて，日本の製造業を中心とした企業は，世界各国の市場で確固たる地位を確立した。この中で，PetersとWaterman（1982）の『エクセレント・カンパニー』などに代表される企業文化論が台頭した。これらの議論の背景には，日本企業の分析の結果，強い企業文化によるコントロールがうまく機能し，これによってイノベーティブな企業として成果を生み出しているという点が示された。また，製品開発の現場においても，スクラム開発と呼ばれる職能横断型の製品開発によって，画期的な製品開発がなされていることが示された（Takeuchi & Nonaka, 1986）。

しかし，1990年代に入り，バブル崩壊とIT革命により，日本企業はイノベーティブな存在としての地位を失い，とりわけ，2000年代以降はGAFAM（Google, Apple, Facebook, Amazon, Microsoftの頭文字）と呼ばれるシリコンバレーで発展した企業が世界のイノベーションをリードする状況になった。ごく最近では，日本企業の中でも新たな方向性を見出し，再生の方向へと進みつつある企業も出てきているが，売上規模，利益率，時価総額でも大きな差をつけられている。

また，「組織の重さ」の調査（沼上ほか，2007）によれば，日本企業は重い組織（組織の方向性に対して，意見調整をしながら組織を動かすことの困難な度合いが高い）であることが示され，組織が肥大化している状況が指摘されている。

この中で，ひとつの論点は，なぜ成功した日本企業が，かくも1990年代以降その地位を失って

しまったのか，という点である。この点について，Burgelman（2002）の研究は，大きな示唆を与えるものである。Burgelman は，長らく CPU メーカーのインテルについて調査研究を行ってきた。そこから見えてきたことは，もともと DRAM（コンピュータ用メモリ）メーカーであったインテルが，1980 年代に CPU メーカーへと戦略転換を果たし，それによって市場を支配したにもかかわらず，その後，新規の事業領域を開拓することができなくなったという問題であった。

もともと DRAM メーカーであったインテルが CPU メーカーへと大きく戦略転換を果たした背景には，実際のロワー階層の現場における新たな事業機会の発見があった。当時，DRAM は日本や韓国の企業の参入を受け，激しい価格競争へと進み，低収益化を余儀なくされていた。その中で，ロワー階層の現場が，DRAM と同じシリコン素材を活用した新規事業として，CPU を作り始めたことがその始まりである。これが事業として可能性が高いものであることがわかり，その可能性を理解したミドル階層のマネジメントから，CEO のアンディ・グローブへと提案がなされ，戦略転換がなされた。アンディ・グローブは IT 革命を代表する天才経営者の一人だが，彼を持ってしても，新たな事業の方向性は，組織階層の下位からの提案を元にしなければ，発見することはできないということは興味深い。こうしてインテルは大規模な戦略転換に成功した。

しかし，先に述べたように，その後，インテルは新規事業開発が著しく滞ることになった。その背後には，共進化ロックイン（coevolutionary lock-in）という現象が見られる。これは，新たな戦略（CPU を中心とした事業展開）が，市場と共進化することによって，組織内の資源配分が固定化（lock-in）されてしまい，新規事業開発に経営資源が配分されなくなり，既存戦略への強い慣性力から抜け出せなくなるという現象である。1990 年代半ば以降は，Microsoft の OS の Windows とインテルの CPU が，お互いに新しいものを出し続けながら市場を支配する「ウィンテル体制」と呼

ばれる状態を構築するに至った。これは，戦略的な大成功であったと言えるだろう。

しかし，そのことによって，大きく 2 つの変化が生じた。ひとつは，既存事業である CPU 事業が極めて収益性が高く，また，事業としての不確実性も低いため，既存事業への集中をすることが組織として強く求められることになった点である。その結果，新たな事業機会をロワー階層の現場で探索する余力が大幅に削られることになった。一方，そこで運良く見つかった事業機会についても，既存事業との関連が薄いものはミドル・マネジャーによって棄却されることになった。これは，既存の CPU 事業に比して，新規事業は事業として収益化の不確実性が高いため，トップ・マネジメントに対して，新規事業としての提案をした場合に，事業展開の必要性を明示することが難しいからである。

この 2 つの変化によって，インテルは共進化ロックインに陥り，既存事業とは異なる経営資源の配分が行われないことになった。Burgelman（2002）の研究以後になるが，現在スマートフォン市場におけるインテルの CPU シェアはほとんど皆無であり，コンピュータ市場の大きな変化から取り残されるという問題に直面することになった（ただし，その後は別な事業により，成長を遂げている）。

2．共進化ロックインの議論から学べること

さて，この共進化ロックインの発生により，企業が新たな事業を育てることができなくなる現象から，何を学ぶことができるだろうか。ひとつは，組織の衰退は，間違ったことを行うからではなく，それぞれの階層や部門間において正しいことが，階層間や部門間をまたいだ組織的な正しさの形成に至らないことに，すなわち，バラバラな状態にあることによって生じるという点である。したがって，もうひとつここから学べることは，階層間や部門間の隔たりを何らかの形で近づけることがなければ，企業が変革されることはない，ということである。

では，この階層間や部門間の隔たりとは何の隔たりであろうか。これは，ナラティヴの隔たりであると言うことができる。例えば，本社の経営企画部門は財務的な観点や計画の進捗状況に基づきつつ，どの事業に投資をするかを計画したり，経営戦略を策定したりすることを担い，それぞれの事業部がどのような状況にあるのかを管理する役割を担っている。一方，新規事業開発を行う部門や担当者は，計画的と言うよりも，むしろ，創発的に事業機会を発見し，それを事業化することを担っている。これだけでも大きなナラティヴの隔たりがあることは想像に難くない。あるいは，製品開発部門と営業部門では，競合との闘いの中で日々の売上目標に追われる営業部門と，もう少し長い時間軸で製品を開発する開発部門では，話が噛み合わず，例えば製品開発をしても，それを営業が売ってくれないということも頻繁に生じる。

また，階層間では，トップ・マネジメントは自由に発想して提案を欲しいと思っているような場合でも，ミドル以下は，上に方針がないと考えていたり，逆にトップが方針を示されたりすると，異なるナラティヴでそれらが解釈されるために，押し付けとして理解されることもしばしば生じる。また，ロワーが提案をしても，ミドルは自分の置かれた状況に即して却下することも起きる。

このように部門や階層による隔たりは組織の中では不可避的に生じ，かつ，その状態が組織の肥大化によって大きなものになったことが現在の日本企業の置かれている状況であると言えるだろう。

その状況を変革すべく，過去にも，古くは業務プロセスを一から再設計し直し効率化を図ろうとする BPR（ビジネス・プロセス・リエンジニアリング）や，事業領域の選択と集中，近年では，働き方改革や DX（デジタル・トランスフォーメーション）など，大規模な企業変革の施策が実施されてきた。そうした改革が一定の効果を持っていたのは事実であろう。

一方で，先に挙げたような組織の中のナラティヴの隔たり（宇田川（2019）では，「ナラティヴの溝」と表現している）は，解消されているだろうか。むしろ，仕事のやりがいは悪化傾向にある（厚生労働省，2008）。先の「組織の重さ」と併せて考えると，ナラティヴの隔たりは，大きな改善を見せているとは考えにくい。そうなると，企業変革を推進する上では，大きな課題が残された状態であると言えるのではないだろうか。

III　組織の慢性疾患へのアプローチとして

実際に企業の人々への介入的なフィールドワークを通じても，職場の活気のなさや部下の元気の無さなどが大きな問題であるという声は数多く耳にする。一方，企業として成果を出さなければならず，現状のままでは「ジリ貧」であるという認識を語る声，そして，その状況に対して，企業が「抜本的」に変わってほしいという声も同時によく耳にする。

だが，先に記したように，部門や階層ごとに，何かを講じたいと思いながらも，物事を動かす困難さを抱える状況は，「抜本的」な一過性の大改革で変革されるべきものなのだろうか。いわばこうした抜本的な改革は，急性疾患的状況への対処としての改革であると言える。急性疾患は，基本的には疾患を治療するのは医師を中心とした専門家であり，患者は従属的な存在として位置づけられる。また，診断は比較的明快で，短期間に急速に憎悪する問題に対して介入することで問題解決を図るものである。

しかし，今日の日本の企業社会を取り巻く問題は，「今の状態は非常に悪く，痛みを乗り越えた先には希望がある」状態というよりも，むしろ，「現状は必ずしも大きな不満があるわけではないが，将来は人口減少による国内市場の衰退やイノベーションの停滞によって希望が見いだせない」状態であると言えるだろう（平田，2016）。

つまり，長い時間的な推移の中で徐々に悪化する，いわば慢性疾患的な状況にあるといえるのではないだろうか。慢性疾患は，根治が見込めないものであると同時に，長期に渡り憎悪するが，短期的な変化は急性疾患に比べれば極めて小さい。今日と明日の変化は大きくないが，長期的に悪化す

るという状態とも言える。そして，極めて特徴的な点は，医師を始めとする専門家は，根治が見込めない中で，患者やその家族がセルフケアに取り組むことを支援する立場であるという役割の大きな違いが生じる点にある。つまり，慢性疾患の場合，既存の解決策によって解決可能な問題に直面しているのではなく，さまざまな立場の人々が寛解や憎悪の速度を緩やかにすることに向けて，協力し合うことが望ましいという点である。

　これは今日の日本企業の状況に符合するものでもある。すなわち，抜本的な変革ではなく，慢性疾患へのアプローチのように，日々の実践を通じて，それぞれが，徐々に状況を良くすることに取り組み「続ける」ことが求められているのである。

　では，そのために具体的に何をすべきであろうか。それは対話であると言える。対話とは，皆で話し合うことを意味するものではない。ナラティヴの溝に直面した際に，相手のナラティヴを理解し，相手のナラティヴにとっても，こちらにとっても意味のある状況を構築する実践のことを指している。

　先に挙げたような部門間，階層間のナラティヴの溝に直面した際の対話を考えてみよう。例えば，自分がミドル・マネジャーであるとして，トップ・マネジメントが「自由にやって欲しい」というだけで方針を示してくれないというような状況があった際に，トップ・マネジメントの言動をつぶさに観察し，そこからどのような意味で「自由にやって欲しい」と語っているのか，観察された断片から解釈を構築していくことが求められる。そこから，具体的に「こういう提案をしてみよう」という介入的働きかけを行うという，この一連の観察－解釈－介入のプロセスを展開することが対話であると言えるだろう（Heifetz & Linsky, 2017）。

　しかし，拙著『他者と働く』（宇田川, 2019）では，この観察－解釈－介入のプロセスに踏み込めない理由として，自分のナラティヴが観察への一歩を踏み出すことを阻んでいることを指摘し，観察の前に，自分のナラティヴを一度脇に置く「準備」段階が必要であると述べた。つまり，「準備－

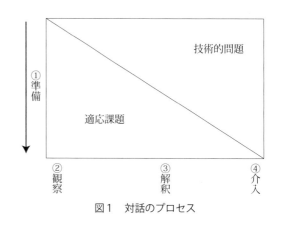

図1　対話のプロセス

観察－解釈－介入」のプロセスこそが対話のプロセスであると指摘している（図1）。

　先のミドル・マネジャーの例で考えるならば，そもそもトップ・マネジメントに「方針を示してくれない」と不満を語る背後には，「自分は部下であり，上の立場は方針を明示するべきであり，そうした方針を考えるのは私の仕事ではない」というナラティヴが垣間見える。このナラティヴでトップ・マネジメントの言動を解釈している限り，観察に踏み込むことは困難である。この自分の想定とは異なる現象が生じている際に，そうした現象によって一時自分のナラティヴを中断させ，そこから新たな意味の生成（センスメーキング）へと踏み込むことが必要となってくるのである。

　こうした対話的な取り組みの積み重ねによって，組織のナラティヴの溝に徐々に意味の橋が架かり，少しずつだが着実に組織は変革されていく。こうした実践は，誰か優れたリーダーやマネジメントが実施するものではなく，そこへの参加は組織に集うあらゆる人に可能である。今日の企業社会に求められているのは，急性疾患の治療のような抜本的変革であると言うよりも，むしろ，慢性疾患ケアのようなセルフケア的対話の実践ではないだろうか。

Ⅳ　野火的活動に向けて

　ここまでなぜ企業組織においてナラティヴ・アプローチのような対話的な実践が必要であると考えてきたのかを述べた。そして，その根底には，

医療や福祉といったケアの領域におけるナラティヴ・アプローチの思想が通底しているとも述べてきた。

　しかし，あえてここではより企業組織を考える上で無視できない点について考えたい。それは，企業組織はより強く資本主義社会における利益責任に日々直面するという点である。

　この点について論じた研究に，フィンランドの学習理論研究者であり，近年，さまざまな経営組織の研究を積極的に展開しているEngeströmの提唱する野火的活動（wildfire activity; Engeström, 2009）を挙げておきたい。野火的活動とは，山で発生する野火のように，一度消えたと思ってもしぶとく残り続ける持続的な社会的活動のことである。例えば，赤十字の災害支援活動やバードウォッチングのような活動がそれであり，こうした活動はボランタリーな力が継続的に結集し続け，活動が持続されている。Engeströmはこの背後に，菌根（mycorrhizae）的関係があることを指摘する。菌根とは，樹木の根とそれに寄生する菌の共生／搾取体（相互に利得を得られる互恵関係）のことであり，根は菌が分解してくれることで根だけでは吸収できない栄養素を取り入れることが可能になり，菌は根があることで安定した活動を行うことが可能である。

　先の赤十字の災害支援活動やバードウォッチングで考えるならば，前者は各国の医療制度や医療機関，医療者の育成機関が確固たるものとして存在するからこそ，ボランタリーな活動への人的な供給が可能なのであり，また，バードウォッチングも趣味人と生物学者との共生的／搾取的関係である。

　このように，単にボランタリーなものによって成り立っているように見える活動は，背後に近代国家や資本主義社会の制度的な恩恵を受けて持続可能性を確保している。Engeströmは，Marxを援用し，資本主義社会における構造的コンフリクトの発生を指摘しつつ，そのコンフリクトがVygotzkyの発達の最近接領域を乗り越えることがBatesonの言う学習Ⅲへと繋がることを指摘す

る。つまり，資本主義社会のナラティヴと，ボランタリーに発見される事業機会や変革の契機などの発見が，対話的に媒介されることによって，新たな学習へと至ることを指摘しているのである。

　冒頭で述べたようにDrucker（1942）は，企業は成果を生み出さなければならないと述べた。これは第二次世界大戦中に，オーストリアからユダヤ人への迫害から逃れてアメリカにやってきたDruckerにしてみれば，成果を生み出さなければ，資本主義社会は全体主義に飲み込まれてしまうという具体的な問題意識から述べた語りでもあることに注目しておきたい。幸いにして今日の企業社会はそうしたイデオロギーの対立には直面していないものの，資本主義社会の中で成果を生み出さなければ，新たな取り組みを行うことは困難であることは変わりない。

　企業組織でのナラティヴ・アプローチを考える上では，この制度化された資本主義社会とどのように折り合いをつけながら物事を進めていくのかということを抜きにして考えることはできない。

　企業組織で働く人々は，いうなれば，この資本主義の制度とそれぞれの組織生活の日常と，双方の伝統に所属する存在である。この異なる伝統がもたらすナラティヴを接合することの切実さを差し置いて，単に働きやすいことや個人の自由だけを強調することでは，実際の所その活動の持続可能性を作り出すことは困難である。この時に，資本主義の変革を声高に叫ぶことも，実際のところ，誰がどのようにその変革を成し遂げるのか，その実践を考えた時には，ほとんど意味をなさない。

　すなわち，それぞれが置かれた状況下において，他者と対話しながら，一歩ずつ着実に変革を推し進めること，その上で，ナラティヴ・アプローチの知見は，極めて実践的な示唆を与えるものなのである。

文　　　献
安保寛明・武藤教志（2010）コンコーダンス─患者の気持ちに寄り添うためのスキル21. 医学書院.
Burgelman, R. A.（2002）Strategy as vector and the inertia of coevolutionary lock-in. *Administrative Science*

Quarterly, **47**(2); 325-357.

Drucker, P. F.（1942）*The Future of Industrial Man: A Conservative Approach.* NY; John Day Company.（上田惇生訳（1995）産業人の未来．ダイヤモンド社．）

Engeström, Y.（2009）Wildfire activities: New patterns of mobility and learning. *International Journal of Mobile and Blended Learning,* **1**(2); 1-18.

Gergen, K. J.（1999）*An Invitation to Social Construction.* CA; Thousand Oaks, Sage Publications.（東村知子訳（2004）あなたへの社会構成主義．ナカニシヤ出版．）

Gergen, K. J.（2009）*Relational Being; Beyond Self and Community.* NY; Oxford University Press.（鮫島輝美・東村知子訳（2020）関係からはじまる．ナカニシヤ出版．）

Heifetz, R. & Linsky, M.（2017）*Leadership on the Line, with A New Preface: Staying Alive through the Dangers of Change.* MA; Boston, Harvard Business Press.（野津智子訳（2018）最前線のリーダーシップ．英治出版．）

平田オリザ（2016）下り坂をそろそろと下る．講談社現代新書．

厚生労働省（2008）厚生労働白書．

沼上幹・軽部大・加藤俊彦・田中一弘・島本実（2007）組織の"重さ"―日本的企業組織の再点検．日本経済新聞社．

Peters, T. J. & Waltermman, R. H.（1982）*In Serach of Exellence.* NY; Harper & Row.（大前研一訳（1983）エクセレント・カンパニー．講談社．）

斎藤清二（2014）関係性の医療学．遠見書房．

Takeuchi, H. & Nonaka, I.（1986）*The New New Product Development Game.* Harvard Business Review, Jan-Feb; 137-146.

宇田川元一（2019）他者と働く―「わかりあえなさ」から始める組織論．NewsPicks パブリッシング．

Weick, K. E.（1995）*Sensemaking in Organizations.* CA; Thousnad Oaks, Sage Publications.（遠田雄志・西本直人訳（2001）センスメーキング・イン・オーガニゼーションズ．文眞堂．）

共同著作の理論と実践

──臨床倫理の観点から

金城隆展*

* 琉球大学病院地域・国際医療部

共同著作とは何か？

共同著作（co-authorization）という概念は，ナラティヴエシックスの分野では「物語の共同構築（the joint construction of narrative）」（Brody, 2003），あるいは「共同創作（co-creation）」（Launer, 2002）とも呼ばれている概念であり，その理念は（かつて）インフォームドコンセントが掲げた「相互協力の理念」をそのまま踏襲するものである。それはすなわち，医療上の決断は，患者と医師が互いによく話し合い，そしてよく協議しながら共同でなされるべきだという考え方であり，そのような医師と患者の間の相互協力的な治療プロセスを，物語の共同創作プロセスに喩えたのが共同著作の概念である（この意味で臨床倫理では，共同著作の概念は新しい概念ではない）。私は共同著作を1）共同創作・共同作業の産物としての共同著作，2）プロセスとしての共同著作，そして3）「共に一つの物語を生きる感覚」としての共同著作という3つの異なる側面を持つ実践として定義したいと思う。

共同著作という言葉は第1に，我々の語る（書く）物語が，他者との共同創作・共同作業の産物であるという物語的事実を意味する言葉である。「物語り」は語り手と聴き手の存在を前提的に必要とする間主観的な言語活動であり，語り手と聴き手の間（あるいはテクストと読者の間）で相互的に解釈され展開する中で意味が創り出されていく運動であり，そして，新たな解釈と新しい行為を生み出すように他者に働きかける遂行行為である。これを方法論として取り入れているのが，ライフストーリー・ライフヒストリー研究である。一般的に，ライフストーリーやライフヒストリー研究の分野では，インタビューをする研究者は「視点と解釈の変化」を促すような応答や質問をインタビューをされる対象者に返すことによって，その対象者が語る物語の方向性に大きな影響を与えていると考えられており，ゆえに，そのような研究者の直接的関与があって初めて成り立つインタビューを介して生成され記録された研究者と対象者の間の会話のテクストは，必然的に両者の間の共同作業の産物と見なされているからである（中野・桜井，1995）。

共同著作とは第2に，2人以上の人が何かを共同で成し遂げるプロセスを指す言葉である。プロセスとしての共同著作は，我々の社会や文化のさまざまな局面で見出すことができる言語的営みであり，「裁判」はそのようなプロセスとしての共同著作の典型例である。裁判というと我々は隠された真実を明らかにする機会と考えがちだが，物語論や社会構成主義の視点から裁判のプロセスを捉え直すならば，それはある人（グループ）が他の人（グループ）に対して為されたとされる被害に関して2つの対立する物語が厳密な法的プロセスの下で提示された上で，検察側，弁護側，そして法廷が共同で最も事実に近いと思われる物語を共同著作するプロセスである。裁判というプロセスは，原告側・被告側それぞれの物語が提示する

証拠が証拠規則の基で厳正に検討され，（あたかも文学者がある作品を特定の文学ジャンルに当てはめるように）原告・被告側の物語がそれぞれ過去の法的物語（判例）と類比される中で（Robinson & Hawpe, 1986），原告側・被告側が主張する行為の違法性の解釈の妥当性が法的視点から検討された上で，原告側・被告側の物語の間に存在する相違と対立を解消するような，一つの統合された物語を法廷が最終的に提示するという，複数の物語の相互協力的な統合・生成プロセスなのである（Bruner, 2002）。

　共同著作とは第3に，他者との共生感覚（一つの物語を共に生きている感覚）を指す言葉であり，それは主に以下の3つの物語る経験を介して知覚され確認されるものである。すなわち，1）我々が他者の人生に深く関わり合う時に「自分（他者）の人生がもはや自分（他者）だけのものではない」と感じ，それを物語る経験，2）たとえ相手が物理的に存在しなくなった後も自分の人生に対する他者の影響を（再）確認・（再）評価し，それを物語る経験，そして，3）「共同著作者として恥ずかしくない生き方をしたい・してきた」と物語る経験である。第3の定義に基づいて共同著作を要約するならば，それは我々が深く関係する他者に対する「物語の責任」によって厳しく拘束されるがゆえに，「あたかも他者と共同著作をしている」かのように感じられ語られる，極めて特殊な自己語りの一形態なのである。本稿では扱わないが，グリーフワークがこの「共生感覚としての共同著作」にあたる。

医師と患者の共同著作

　前述した3つの共同著作の類型の2番目の「プロセスとしての共同著作」にあたるのが，臨床における医師と患者の共同著作である。それはすなわち，医師と患者が共同で何が患者の身体に起きているのかを探究し，解釈し，意味付け，そして，医療の決断を共同で下すという一連の治療に関する決断プロセスを，医師と患者が一つの物語を紡いでいくという共同著作の過程に譬えたものであ

る。共同著作が医師や医療者に求めるのは，「話されたことについてもっと深く知りたい」という患者／クライエントに対する専門家の飽くなき好奇心であり（Goolishian & Anderson, 1992），患者／クライエントの物語の「個別性の新鮮さに驚き，絶えず目を見張り，耳をそばだてる技術」（江口，1999）である。それは言い直すならば，患者／クライエントを専門家と考え（Epston, 1998），対話の中で展開する言葉や意味や理解の広がりを最大限に尊重し，そこから何かを学ぼうとする多声主義的・ローカル主義的態度を取ることである。それはすなわち，患者の病いの経験には独特の広がりがあるということ，病いの経験を理解する方法もまた患者や患者が於かれている状況によって異なるということ，そして過去の記憶や自分の人生と疾病・疾患の理解を結びつけるというローカルな物語的理解を介して，患者は病いの体験をリアルに実感するということを受け入れることである。

患者は臨床でなぜ語るのか？

　患者やクライエントは意味を求めて物語る存在だというのが，共同著作の最も重要な前提である。しかしながら，我々は物語が常に虚構であり，我々の人生や経験が物語そのものではないことを知っている。ではなぜ患者は経験の摸倣・歪曲でしかないにもかかわらず，病いの経験を物語りたがるのだろうか？　一つの理由は，我々が「通常性からの逸脱を飼い慣らす」ことを望むからであり，そして，物語がその手段を提供してくれるからである（Mattingly, 2000）。我々は通常通りではない何かが起きることに驚き，その出来事によって自分の（あるいは他者の）人生の物語が滞っていると感じるとき，我々はその「驚きの出来事」を語ることによって，それらを理解し日常化（＝飼い慣らす）しようと試みるのである（Bruner, 1986）。

　患者が病いの物語を語るもう一つの理由は，物語が病いの経験の意味を与えてくれるからである。患者は自らの病いの経験や人生に意味を見出すために，意味を与えるような仕方で出来事を取捨選択し，編集・筋立てし，再構成し，そしてそれを

語ろうと試みる（やまだ，2000）。統合機能を持った言語装置である物語は，患者が記憶と想像力を一体化することを助け（Bruner, 2002），「外界と内界の調和，生き甲斐感，適合性」を達成し，経験に意味を見出すことを可能にさせるからである（Bruner, 1990）。

　もちろん，病いがそれほど重篤ではない場合は，疾病／疾患の物語が病いの経験を意味づけする役割を一手に引き受ける。ところが病いが完全な回復が望めない場合，あるいは病いが慢性である場合といった具合に，医学の物語が意味付与の役割を果たせない，いわゆる「語りの難破」に患者が陥る場合，問題が生じる。この場合，医師や医療者は患者がただ単に生物医学的治癒を求めているだけではなく，難破した自分の人生の物語を修復し，できることなら病いの経験を意味づける新しい代替的な物語を見つけたいと強く動機づけられて臨床を訪れるということを理解しなければならない。すなわち，Brody（1994）の有名な言葉を援用するならば，病いという嵐の中で遭難し，そして難破し破損してしまった物語を携えて臨床を訪れる患者は，医師（医療者）に向かって「私の物語を修理してくれませんか？」と尋ねるのである。すなわち，生物医学的な身体だけでなく，病いの経験によって破損してしまった患者の人生の物語もまた，臨床で修理され回復されるべき治療の対象なのである。

物語の修復

　「物語の修復」とは，医療者と患者が共同で新たな物語に関する仮説を立て，依然は見えてこなかった新しい可能性や現実の見方を探究し，しばしば沈黙に向き合い，過去の経験の物語に目を向け，そして何よりもなかなか見通しが利かないことが多い患者の病いの物語の終わりに思いを巡らしながら，病いの経験によって難破してしまった問題のある患者の病いの物語を，患者にとって有用な物語に書き直し・置き換えるプロセスを指す言葉である。そのような物語の修復プロセスをほのかに照らす道標が，1）物語の一貫性，2）物語の

審美性，3）物語の有用性である。

　物語は第1に一貫性を目指して，その修復が試みられるべきである。一貫性のある物語とは患者にとって筋が通った物語である。患者が臨床に持ち込む病いの説明モデルの多くは首尾一貫性を欠いていることが多く，故に，医師（医療者）の協力を得て修復を必要とする物語であることが多い。患者はすでにそこに「問題」があるから物語るのではない。むしろ患者は医師（医療者）の助けを得ながら，臨床の場で現在進行形的に途中から語り始めることによって，自分の問題が何なのかを理解しようとしているのであり，この意味で，「問題」もまた医師（医療者）と患者の間の共同著作の産物なのである。

　物語は第2に審美性を目指して，その修復が試みられるべきである（Keeney, 1983）。ここで言うところの「審美性」とは，必ずしも小説や詩のような審美性を追求するという意味ではなく，むしろ患者の唯一無比の人生の物語が元々持つ，人々をその物語の中に引き込むユニークな力のことであり，それは多くの場合，医療者がそのような審美性を与えるのではなく，むしろ，患者の物語にすでに備わっているそのような審美性（ユニークさ）を一方的に取り除かないようにし，そして，診断をすることによって薄くなりがちな患者の物語の筋を意識的に厚くするように心掛けることに他ならないのである（Kirmayer, 2000）。

　物語は第3に患者にとって有用であるか否かを念頭に置きながら，その修復が試みられるべきであり，恐らくこの3番目の有用性が，ナラティヴの観点から見るならば，最も重要な道標である。なぜなら，診察の終わりに，患者が持ち込んだ機能不全の物語が，患者にとって有用な物語に変化していないならば，その治療は失敗だと見なされるからである。Brody（1994）は，ある物語が患者にとって有用であるという意味は3つあると提案している。1つめは，患者の説明モデルとしての（主観的な）有用性である。これは，端的に言うならば，医師（医療者）と患者が修復にあたった物語は，最終的に患者にとって納得のいく，意味の

ある物語にならなければいけないということである。2つめは，医学的説明モデルとしての（客観的な）有用性であり，これはすなわち，医師（医療者）と患者が修復にあたった物語は，患者にとってのみではなく，医学の専門家である医師（医療者）にとっても有用な物語でなければいけないということである。3つ目は，包括的な癒しという意味での有用性である。すなわち，医師（医療者）と患者によって共同で修復された物語は，最終的には患者（そして医師（医療者）にも）に癒しをもたらす有用性を備えていなければいけないのである。

　しばしば臨床で問題になるのは，患者が思い描く有用な物語と，医師（医療者）が目指す有用な物語の間に大きなギャップがあり，ゆえに，両者が衝突する場合である。この場合，ナラティヴ・アプローチが主張するのは，医師（医療者）と患者が真摯に対話と共同著作のプロセスに従事するならば，臨床で起こる2つの有用性の間の衝突の多くは解消可能だということである。Brody(1994)はこの問題を解消する鍵は，患者が医師（医療者）の提示する医学的説明モデルを「自分の物語」として受け入れることができるか否かだと指摘している。

　　（医師が患者にとって有用な仕方で，患者に）「病気のエピソードを説明するためには，それは患者が最終的に望むような物語でなければならない。私の経験に照らし合わせるならば，もし咳の原因は胸にあるに違いないと患者が感じているならば，鼻詰まりが原因であるという説明をこの患者が受け入れることはありそうもないのである。さらに，患者はその物語を，自分に関する物語として，真の意味で受け入れなければならない。もし医師が患者の説明を注意深く傾聴し，そして適切な検査を実施するならば，患者はその物語を信じる可能性が高いのである。もし医師が急いでいるように見えたり，患者が十分だと思う検査を実施しない場合，その物語は患者自身の物語には見えず，むしろそれは医師がその週に来院した全ての患者のために，単に棚から取りだしただけの『在庫物語』に見えるのである」

　要するに，患者が医師（医療者）の説明モデルを自分の物語として受け入れるか否かを決定する要因は，医学的説明モデルと患者の説明モデルの間の合致の度合いではなく，むしろ医師（医療者）が医学的説明モデルを提示する態度によるということであり，共同著作が成功するか否かは，多くの場合，医師（医療者）の態度にかかっているというのが，ナラティヴ・アプローチの主張である。医師（医療者）が患者の説明モデルを尊重し歩み寄る態度を見せる時，ほとんどの患者は医師（医療者）の権威を，これまでとは異なる形で，つまり，対話とコミュニケーションというプロセスを経て獲得されるものとして，心の底から受け入れるものなのであり，これが共同著作の実践のゴールの一つに他ならないのである。

　ここまで検討してきた共同著作の倫理を要約するならば，それは医師（医療者）は患者の生物医学的必要性を満たすだけでは，患者に対する倫理的責任を果たしたことにはならないということである。共同著作の概念の下では，たとえ生物医学的な治療が成功したと医師（医療者）の目に見えても，患者の物語が適切に修復されておらず，依然として難破している場合，それはすなわち，物語が依然として，1）首尾一貫性に欠け，2）患者の病いの経験を豊かに描写する審美性に欠け，そして3）患者が自分自身の病いの経験を理解し，意味づけ，そして新たに生きていく力を与えるという有用性に欠け続けている場合，その治療実践は実質的に失敗であり，ゆえに，医師（医療者）は倫理的責任を果たしていないと見なされるのである。

患者の物語の傾聴

　共同著作は，医師が初めて患者と対面し，言葉を交わし，そして患者の話に耳を傾けるその瞬間から始まるプロセスである。ゆえに，共同著作に従事する医師や医療従事者は，治療者・専門家である以前に，何か問題を持ってやってきている一人の人の物語に純粋な関心を持つ優秀な傾聴者で

なければならない。なぜなら，常に間主観的に展開する物語行為では聴き手の態度が語り手の語る物語に大きな影響を与えるがゆえに（Kleinman, 1988），医師（医療者）がより良い傾聴者であればあるほど，患者が語る物語は多様でユニークな発展を遂げる可能性が高くなるからである。この意味で医師や医療従事者は，常に自らがどのような態度で患者の語りに向かっているかを注意深く反省しなければならない。なぜなら，専門家はしばしば語り手を研究対象と見なした上で，特定の質問を立てることによって，どのような物語が語られるかを操作しているからである。

　優秀な物語の聴き手は五感全体を使って，患者が語る物語に能動的に応答しつつ，患者が語る物語に注意深く耳を澄ます人である（Charon, 2006）。「耳を澄ます」ことは単なる情報収集を越えた，語り手自身そのものを認識する行為である。優秀な物語の聴き手は物語を受動的に受け取るだけでなく，語り手の語りを始動・誘発させ，そして語り手がもっと自分の物語を話したいと思わせるような態度を見せることができる能動的な聴き手なのである。

　要約するならば，優秀な傾聴者とは，語り手を語らせるように聞くことができる聴き手のことであり，物語に基づいた医学は，患者に病いの経験を〈語らせる行為〉の実践に他ならない。患者は一般的に病いの経験の物語を医師（医療者）にあからさまに話すことをためらうものである。なぜなら，多くの患者は病いの物語を臨床で話すことは不適切だということを敏感に学ぶからである（Frank, 1991）。ゆえに，語らせるように聴くという実践は，語ることが許されているという雰囲気を創り出す態度を取ることであり，患者が物語の世界に順調に入っていけるように援助することに他ならないのである。

物語と共に考えること

　何にもまして上記のような態度を示すことができる傾聴者は，物語を自分の中に招き入れるのではなく，むしろ自分が相手の物語の中に入ること

ができる人であり，そしてその物語の歩調に合わせて寄り添い歩くことができる人である。すなわち，優秀な物語の聴き手（共同著作者）とは，「物語について考える（thinking about stories）」のではなく，「物語と共に考える（thinking with stories）」ことができる人である。「物語について考える」ことは，あたかも物語の全体を客観的に眺める視座があるかのように物語を外から観察・分析する態度を意味しているのに対して，「物語と共に考える」ことは，物語の中から理解しようとする態度を意味している。すなわち，「物語について考える」ことは物語を読む・傾聴する行為が，何らかの情報を得るための手段になっているのに対して，「物語と共に考える」ことは，物語を読む・傾聴する行為そのものが最終目的となっているのが両者の最大の相違点である。「物語と共に考える」ということは，科学であっても患者の物語を勝手に解釈することはできないということを深く認識しつつ，先に進まずに物語と共に立ち止まることが大切なことだと認識し，患者の物語の中に留まることを選ぶ態度なのである。

　患者の「物語と共に考える」ということは，要約するならば，患者の物語をそれだけで完全な存在として受け入れた上で，患者の物語の流れの中に自分を置き，文脈の中で考え，解釈し，理解しようとすることである。この意味で「物語について考える」ということは「（音楽を）鑑賞すること」に当たり，物語と共に考えるということは「（音楽を実際に）演奏すること」に当たる行為である（大澤, 1997）。なぜなら「物語と共に考える」とき，我々はその物語を，まさに文字通り，生きるからである。

解釈的前提を保留すること

　さらに「物語と共に考える」ということは，できる限り物語の文脈に踏みとどまり，自分が持っている解釈的前提を一時保留し，そしてその文脈が提供する手がかりの中で解釈するよう試みることである。解釈とは，意味が明確ではない言説や出来事を，すでに明らかになっている言説や概念

に翻訳することだが，この解釈の捉え方によるならば，我々が何らかの解釈を行うためには，真実に関する何らかの先行理解が必要である（Gergen, 1999）。例えば，医師や医療従事者が診断という解釈行為に従事するためには，事前に診断に必要な医学的知識体系を理解しておく必要があるということである。Heidegger, M. や Gadamer が主張するのは，この先行理解が一種の先入観として機能することによって，我々の解釈の方向性が事前に決定されているということである。Gadamer によると，歴史的存在である我々は，過去から続くある特定の伝統という状況（言語ゲーム）にすでに投げ込まれており，その伝統が規定する枠組みの中で，その伝統が示す真実に関する先行理解に従って解釈を行っているに過ぎず，ゆえに，全ての文化，伝統，言語ゲームに公平で，あらゆる先入観から解放された客観的解釈は存在しないのである（Gadamer, 1989）。

医師(医療者)もまた医学という伝統の中に放り込まれた存在である。彼らは医学の長い伝統の結晶である医学的知識体系をまず徹底的に学ぶことによって，患者の物語をある特定の仕方で解釈するように事前に方向付けられている（偏見を植えつけられている）のであり，医師や医療従事者は診断という解釈的技法が患者の病いの真実を明らかにすると思い込んでいるにすぎないと Gadamer は示唆するのである。なぜなら解釈的技法がすでに定まっているからこそ，どのようなタイプの結論が導き出されるかはすでに決定されているからである。例えば，「症例には必ず生物医学的に説明することができる原因がある」という前提を信じる医師（医療者）は，脳死者の涙を「単なる生理学的反応」と科学／医学的に解釈する仕方を選びやすいという具合である。Gadamer（1989）は，もし我々の「理解の地平」＝解釈的前提が常に固定される場合，我々は唯我論的な世界に陥らざるをえなくなると警告しているが，これはまさに医学的解釈を一方的に患者に押し付ける「語りの譲り渡し」に対する警告と見なすことができるのである。共同著作が主張するのは，解釈的前提・偏見を保留し，自分本位な解釈をすることを可能な限り控えつつ，できる限り物語の流れに留まろうと試みる物語的態度こそ，Gadamer が理想とするところの，新たな創造を促し，新しい世界の見方を可能にするような，つまり，医師（医療者）と患者がそれぞれ持つ理解の地平の融合を可能にし，新たな創造を促し，そして，新しい世界の見方（新しい病いの見方）を可能とするような解釈へと我々を導く態度だということなのである。

聴くことの倫理

物語と共に考える仕方で傾聴し，そして物語を介して患者を理解するということは，それが患者と正面から向き合うことを強く促すという意味において本質的に道徳的であり，それは「聴くことの倫理」と称することができるものである。真剣に患者の物語に耳を傾けるということは，終わりなき旅に出るようなものである。すなわち，患者の物語を真剣に聴く医師や医療従事者とは，患者の物語に関する決して終わることのない問いを立て続けることに最大限の努力を投じつつ，患者の物語に正面から向き合うことを選ぶ人々なのである。

「聴くことの倫理」が医師（医療者）に課す義務は，論理的に演繹されるような義務ではなく，むしろ彼らが患者の物語と共に考え，傾聴し，その物語の世界に入る経験を繰り返すことによって，次第に相手の物語に自分が否応なく関与せざるを得ないと感じる経験から生じる義務である。つまり，「聴くことの倫理」を実践する医師（医療者）は，患者の物語の生成プロセスに参加する覚悟をするのであり，この覚悟が医師（医療者）を「傾聴する義務」，そして，「共同意志決定をする義務」へと導くのである。なぜ真剣に患者の話を聴くことが本質的な道徳的行為になるのかというと，それは医師や医療従事者の臨床における義務は医学や科学に対するものではなく，患者に対するものだからである。なぜなら，患者の人生を所有しているのは医師や医療従事者でもなければ医学でもなく，患者本人に他ならないからである。

「他者性に基づく倫理」とは，まさに「今目の前で語られている物語」に応えるという実践の中で，医療従事者と患者の間の相互的関係性に基づいて立ち現れてくる「対面の倫理」である。我々は他者の超越性を表す顔の抵抗しがたい呼びかけに応える形で他者との対話へと導かれるように（Levinas, 1961），医師（医療者）は患者の物語が彼らに働きかけることを許すのである。つまり，これまで客観的観察者であった医師や医療従事者は，それまで分析の対象であった患者の物語の世界に今度は参与者として参加することによってありのままの患者に対面し，そして，患者の物語の影響の下に自分自身の身を投げ出すのである。

患者の物語の理解

「物語的理解（narrative understanding）」あるいは「物語的に知ること（narrative knowing）」とは，医師や医療従事者が患者の物語と共に考え傾聴することによって到達することができる患者の理解のことであり，その際に理解したことが「物語的知識」と呼ばれるものである。患者に関する物語的知識とは，患者の個別的な「実際に生きる経験に関する知識」（Charon, 2006）であり，それは個人が語る物語から獲得される知識である。なぜなら個人が語る物語は「象徴的にであれ，個人史的にであれ，生物学的にであれ，特定の人間にとって何が重要であるかを声高に主張するもの」（Greenhalgh & Hurwitz, 1998）だからである。

物語が表す意味は，物語が構成する文章が示すものではなく，むしろそれらの文章の中で出来事が筋立てられ，それが一つの物語全体として伝える「何か」である（Bruner, 1990）。つまり，物語が示す意味は，物語を構成している文章の個々の意味の総和以上の「何か」であり，ゆえに，それは決して命題として表すことができない非通約的な知識である（ちなみに，上記のような物語的知識の特性故に，物語は一連の出来事に直接付随していないさまざまな情報（感情等）を伝えることができるのであり（Greenhalgh & Hurwitz, 1998），これが物語をさらに患者理解に適した手段にしてい

るのである）。物語的知識とは，つまり，一つの物語全体を通して初めて表すことができるような知識であり，それは一人の人物が下した決断が本当に倫理的に正しい行為であったのか否かは，その決断だけを取りだして判断できるものではないということを意味しているのである。すなわち，ある特定の人の特定の決断が果たして正しい決断であったのか否かという判断（物語的知識）は，その人がどのようにしてその決断に至ったのかという物語を知らなければ下すことができないのである。

要約するならば，患者に関する物語的知識とは，医師や医療従事者が患者の物語を注意深く傾聴することによって獲得することができる，今まさに傾聴している患者の物語の世界に関する知識である。このような患者に関する物語的知識に光を当てることができるがゆえに，物語は患者の性格や人格，患者の行為の意味，意図，そして，患者が何を問題と感じ，患者が何をどのように正当化しているかを医師（医療者）が理解する上で，最も有効な手段だと言えるのである。

説明モデル

患者に関する物語的理解は，ナラティヴ・アプローチでは一般的に，患者の説明モデルを理解することと見なされている。説明モデルとは医師（医療者）や患者や家族が抱く，特定の病いの経験に対する考え，あるいは，病いの経験に意味と一貫性を与えてくれるような患者自身の独自の仮説であり，自分の行為の説明と正当化に特別に焦点を当てたローカルで小さな物語である（Kleinman, 1988）。もちろん，患者の説明モデルは，患者が経験したり認識したものの忠実な再現ではなく，さらに患者の説明モデルは時と共に変化するがゆえに，しばしば矛盾を含み，支離滅裂で，大抵の場合不完全である。しかしながらそれらの説明モデル（物語）は，患者が何を大切にし，何に価値を置いているのかを高らかに宣言するものであり，故に患者の説明モデルは，どの情報を患者に開示すべきかを熟慮する上で医師が第一に参照すべき

ものである。

　患者に関する物語的知識や患者の説明モデルが臨床で尊重されるべき理由を要約するならば，それは第1に物語的知識や説明モデルが，論理実証的知識ではとても捉えることができないような病いの経験の複雑さや世界の神秘さを表現できるからである（Nussbaum, 1990）。患者の物語的知識や説明モデルが臨床で尊重されるべき第2の理由は，患者が物語を語り，医師（医療者）がそれを傾聴し，そして，物語的知識が受け渡されることによって，患者と医師の間の相互理解が促され，両者の関係性が促進されるからである（Connelly, 2002）。つまり，物語的知識とは対話と同意に基づく知識であり，ゆえに，その効用は医師（医療者）をより優れた実践者にするだけでなく，さらに彼らをより優れた患者のパートナーにすることなのである。

　上記の実用的・コミュニケーション論的理由に加えて，患者に関する物語的知識や患者の説明モデルが臨床で尊重されるべき倫理的理由が一つある。それは患者に関する物語的知識や患者の説明モデルはしばしば，苦境に直面する患者のことを医師や医療者が理解する足掛かりを提供するからである。医師や医療者がどんなに医学的知識や技術に長けていたとしても，あるいは，どんなに的確に患者の生物医学的状態を把握する能力を持っていたとしても，もし医師や医療者が苦境に直面する患者を知覚し理解することに失敗するならば，そこで帰結される治療実践は少なくとも道徳的行為になり損ねているからである。

　共同著作の概念が主張するのは，患者の説明モデルを切り捨てて生物医学的な物語に置き換えるのではなく，忍耐強く対話を続けながら，患者の説明モデルを循環させることによって，医師と患者が病いの物語を共同著作していくことなのである。言い換えるならば，患者の説明モデルが矛盾し不完全であるからこそ，共同著作のプロセスを通して，それらの説明モデル（物語）を成熟させる必要性が生まれるのである。

物語の返還と循環

　患者が物語を語り，医師（医療者）が耳を傾けて理解するように努めた後，共同著作は物語の返還と循環の段階に入る。医師や医療従事者にとって，どのように患者に物語を返還すべきかという問いは，共同著作のプロセス全体が成功するか否かを左右する極めて重大な問いである。なぜなら医師や医療従事者は患者の物語を生物医学的な物語に（しばしば一方的に）翻訳して患者に返還するという仕方（診断）を徹底的に教え込まれるがゆえに，彼らが毎日の臨床実践で何気なく行っている診断が，「物語を返却しない実践」になっていること，そして，物語の循環を促すような全く異なる物語の返し方があるということになかなか気が付くことができないからである。

　「物語が患者に返却される」という言葉には，基本的に2つの意味がある。1つ目の意味は象徴的な返却である。すなわち，医師は患者の語りを傾聴し，病歴を取り，それを医学の言葉に翻訳した上で診断を下した後，患者の物語は専門家のものではなく，患者のものであると思い出し，そして医学化された患者の物語を再び患者の物語の文脈に戻して捉え直すこと（つまり，示唆された医学的な知見が，患者の経験とどのように結びつくのかを再考すること）である（Brody, 2003）。

　「物語が患者に返却される」という言葉のもう一つの意味はコミュニケーション的な返却である。Launer（2002）はそのような返却を，物語を紡ぐ鉛筆を再び患者に返すことだと指摘している。それはすなわち，医師によって改訂された物語を再び患者が自由に変更することができるように，患者に物語の著作権を再び託すことである。患者は自分の病いの物語（説明モデル）を医師に提示し，医師はその物語をまず医学的物語に翻訳する。ここまでは従来の診断と同じである。共同著作が伝統的な診断と大きく異なるのはこの後である。つまり，従来の診断の場合，医師は医学的物語を象徴的・コミュニケーション的な意味で，翻訳した物語を患者に返却することなく（少なくとも頭の

中で）完結させてしまうのに対して，共同著作に従事する医師（医療者）は，翻訳した物語を依然として再解釈・再構成可能なものと見なした上で，あくまでも患者に返却しようとする（あるいはそのような態度を見せる）のである。

では具体的にどのようにして医師は医学的物語を患者に返却すべきだろうか？　当然のことだが，医学的専門用語を患者に解りやすい言葉に「翻訳」して伝える技術が必要だということは言うまでもない。この「翻訳の技術」に加えて，医師（医療者）は適度な差異と解釈の余地を持つ（医学的）物語を患者に返還すべきである。適度な解釈の余地を持つ医学的物語とは，例えば「貴方の病気は〜です」と断定的に宣言する代わりに，「貴方の病気は〜のように思われるのですが，どう思われますか？」という風に医学的すぎず，医学的なさすぎない適度な仕方で患者に病いの物語が返還されることによって，再解釈・再構成が許されているということを患者に示唆することができるような物語である。

患者が語った物語を，異なる言いまわしを利用しながら，異なる風に再描写・再構成して患者に返還することは，対話を促進する効果的な「物語の返し方」である。物語る動物である我々は，必ず物語の聴き手を必要としている。それは物語が常に聴き手を要求するものだからという理由だけではなく，我々は自分自身（に関する物語）を映し出す鏡としての聴き手を常に必要としているからである。この意味で，医療者が，異なる言いまわしや描写を加えた物語を再構成して患者に返すことによって，患者はかつて自分が語った物語を，再び自分のものにするという再読行為に従事する機会を与えられるのである（Miller, 1987）。

自分の物語を再読することは，Miller（1987）によると，2つの意味で実に奇妙な経験である。それは現在の自分と歩き方が違う昔の自分に出会う経験だからであり，また再読している自分に何が起こるかが理論上予測することができないという不思議な自由を体感する経験だからである。要約するならば，医療者が患者に解釈の余地のある物語を返還することの効用は，それが「語りの譲り渡し」を未然に防ぐだけでなく，自分の物語の再読によって促される不思議な自由の感覚を介して，患者本人ですら予測しえないような新たな意味の発見と，納得のいく成熟された決断の物語が生まれる可能性を生み出すということなのである。

差違を探求する対話

対話は，共同著作の核心である。なぜなら，対話は医師のさらなる傾聴を促し，患者の語りを促し，そしてこれが最も重要なのだが，物語の返還・循環を促す原動力だからである。対話が共同著作にとって重要だとするもう一つの理由は，対話を通して「医師はどのような情報をどの程度まで患者に提供すべきか」が明らかになるからであり，そして，対話こそ医師が患者に適切な情報開示をすることができる理想的な機会だからである。すなわち，共同著作のプロセスでは，医師（医療者）でもなく患者でもなく，対話こそが（物語を推進する原動力であるという意味で）物語の主要著者になるのであり，ゆえに，共同著作の成否は，詰まるところ，患者と医師の間の対話がどのように展開してきたかに大きく依拠することとなるのである。

医師や医療者が患者の語りを促し，そして物語の循環を促進するためにできることは，差異を探究する対話を心掛けることである。差異を探究するということは，世界や物事をいままでとは異なる仕方で捉えようと試みることである。医師や医療従事者は，1）言いまわしを工夫すること，2）患者の物語の中の違いとつながりを探すこと，そして3）仮説を立てることによって，差異を探究する対話を実践することができるのである。

差異を探究する実践に従事する一つめの仕方は，対話の中の言いまわしを工夫することである。医師や医療従事者が患者と対話する内容は，どうしても家族に対して失礼な言いまわしや，専門家同士でのみ通用する専門用語が多くなってしまうものである。だからといって，患者との対話の中で専門用語を全く使わないこともまた非現実的であ

る。ではどうするかというと、「あなたの胸を聴診しても構いませんか？」といった具合に、通常とは異なる言いまわしを毎日の臨床実践の中で採用していくのである（Launer, 2002）。異なる言い回しを導入することで、新たな連想が促がされ、意味の地平が広がり、そして何よりも対話が促進されるのである。

循環的質問によって維持される対話

　物語に関する技術で中心となるのは質問をすることである。なぜなら、質問は対話と物語の共同著作を強く促すからである。もちろん、どんな質問でもよいという訳ではない。ここで言うところの質問とは、客観的事実を確定するための取り調べ的な質問ではなく、質問者である医療者の飽くなき好奇心に促される形で、患者が語る言葉や物語の意味を拾い上げ、患者がどのように世界や物事を捉えているのかを探究し、そして患者の応答を促し、対話と解釈の循環を促進する循環的質問である。

　循環的質問は大枠的に「どのような心配事がありますか？」や「何か私ができることがありますか」といった「患者の意向を確認する質問」、そして、病いの経験が患者にどのような影響を与えたのかを問う探求の質問という2つのタイプの質問に分けることができる。循環的質問は第1に、物事の解釈の可能性を拡げるような仕方で立てられなければならない。Launerはこのポイントを示すために、一人のプライマリケア医の経験を引用している。

　「一人の男性がはいってきてこう言いました。'私は四つの問題を抱えています'。私は即座に尋ねました。'それ以外に問題はありませんか？'。彼は驚いたようでしたが、'あります'と答え、それについて私に語りました。それが彼の最も重要な問題であり、私達は診察のすべてをそれについて話すのに費やしました。彼はその他の問題は忘れてしまったようです。どうして私がリスクをおかし、彼にそんな大胆なことを言ってしまったのかよくわかりません。彼のボディランゲージによっ

てだったかもしれませんし、単なる直感によってだったかもしれません」（Launer, 2002）

　重要なのは、上記の例の中のプライマリケア医がそうであったように、常に解釈の可能性を拡げる態度（無知の専門性の態度）を取ることであり、また解釈の幅を狭めないような質問を患者に立てることである。すなわち、伝統的質問がしばしば患者の病いの経験の解釈の可能性を限定することを目指すのに対して、後者の循環的質問は解釈の可能性を拡げることを目指す点が、従来の伝統的な質問と循環的質問との間の最大の違いなのである。

　循環的質問は第2に、患者が用いた言葉、コンテクスト、物語、そして経験に対する直接の応答でなければならない。すなわち、循環的質問をする医師（医療者）は「患者が今言ったばかりの言葉や語句を取り上げ、それらをさらなる質問の出発点にする」（Launer, 2002）のであり、ゆえに、患者に対する質問を外から持ち込むことは許されないのである。

　循環的質問をする上で医療者が気をつけるべきことは、自分の質問が対話を循環させているかどうかを常にモニターすることである。もし対話が循環していない（かみ合っていない）と感じたならば、無理に同じ質問を繰り返したり、一つのトピックに固執するのではなく、異なる質問・異なるテーマに切り替えることが重要である。もちろん、患者が質問していないことについて話し始めた場合は、その流れに乗ることが適切な場合もあるだろう。さらに医療者は沈黙を語りとして受け止める必要がある。なぜなら対話はしばしば「語らない、語りえない場」（桜井、2002）にもなるからである。

　最後に上記で検討してきたこれらの循環的質問に関する知識は、「学ぶべきもの」ではなく、むしろ医療者の循環的質問の理解を補助するもの、あるいは「出発点」と見なすべきである。なぜなら、そう見なすことによって我々が、「質問の技術に長けてさえいれば患者と一緒にうまいストーリーが

創り出せる」という誤った考えに陥らないようにするためである。この考えが過ちである理由は2つある。1つめの理由は，医師や医療従事者をより良き物語の共同著作者にするのは質問の技術ではなく，むしろ患者の物語によって触発される飽くなき好奇心の方だからである。2つめの理由は，当然のことだが，どの質問をどのような状況で患者に投げかけるべきかは全て個別的判断にかかっており，故に，事前に学べることではないからである。故に，医師や医療従事者が循環的質問を習得したいと思うならば，唯一の方法は実際に患者に向き合って「試行錯誤を続けること」だけである。重要なのは対話に関する特定の手順を制定したり，会話の精錬性や質問の巧みさといった技術に固執することではなく，自分の対話のスタイルをゆっくりと確立し，試行錯誤を繰り返しながら，質問の多様なレパートリーを築くこと，そして「時間をかけて自分だけの効果的な質問のコレクションを作り上げること」なのである（Launer, 2002）。

物語的相互性

私は対話の重要性を強調したAndersonとMontello（2002）の言葉を最後に紹介して，本稿の共同著作の倫理の検討を終えたいと思う。

「ソクラテス（あるいは我々自身）の時代の最大の危機は，個々人が読者とテクストあるいは自己と他者との間の対話に従事することを怠り，そして彼らの周りにある物語に没入しないことの中に潜んでいる，なぜなら，唯一対話の中に置いてのみ，問うこと・答えること，語ること・聞くこと，感じること・考えること，与えること・受け取ることのリズムを経験するからである」

AndersonとMontelloが上記で指摘した「ソクラテスの時代の最大の危機」は，唯一の真実という土台を失ったポストモダンという時代に生きる医師と患者の関係性に見事に当てはまる危機である。すなわち，価値の多様化と唯一無比の真実への探求が頓挫しつつある現代において，医師と患者が直面している危機はまさに「対話に従事する

ことを怠ること」によって生じているからである。共同著作は，そのような危機に対するナラティヴ・アプローチの応答の一つである。医師が患者と初めて出会い，初めて言葉を交わしたその瞬間から，医師と患者の決断の物語の共同著作はスタートするのであり，ゆえに，患者が本当に自らの決断を理解し納得することができるか否かは，医師と患者がどれだけの対話を積み重ねることができるか・できたかに依拠すると共同著作の倫理は主張するからである。

共同著作のプロセスに従事する医師（医療者）と患者は，情報源としての関心ではなく，むしろ物語を味わうという純粋な関心によって互いに引き寄せられ結びつけられて，物語に基づく解釈共同体を築くのだが，そのような共同体の最大の特徴は，「物語的相互性」とそこから生じる「相互的責任」である。「物語的相互性」とは，物語を介して医療者と患者が互いに互いを必要としている（相互依存）。なぜなら「懺悔が司祭の存在を必要とし，告白が聞き手なしには成立しえないように，自己を語るという行為は読み手なしには営まれえない」（小倉，1996）からである。

相互的責任とは，互いが互いを必要としているという事実から生じる責任であり，我々はそのような責任を，文学作品の書き手と読み手の間で見出すことができる。当然のことだが，一つの文学作品がある社会で「存在」するようになるためには，アイデアや考えを言語化・テクスト化する書き手が必要であり，さらに書かれたテクストを読み，解釈し，そして意味づける読者が必要である。この相互依存性という事実が，書き手と聴き手を互いに尊重し合わせ，そして書き手は何かを真摯に伝えるという責任を，そして読み手は何かを受け取るという責任を互いに相互的に引き受けるのである。共同著作の概念が主張していることは，医療者と患者の関係はこのような相互的責任によって特徴付けられるべきだということである。

要約するならば，上記の相互的責任が医師に要請することは，権力を患者と共有し，そして互いに力づけ合うように励むことである。共同著作の

視点から患者を力づける（empowering）ということは，患者を自律的で独立した人間に仕立てるということでは決してない。共同著作という文脈で，患者を力づける・エンパワーするということは，患者が元々所有し，そして患者が臨床を訪ねた時に放棄することを求められた病いの物語の著作権を患者に返還することである。しかもそれは，患者の自律性を尊重する名目の下，患者に一方的に負わせ続ける返還ではなく，むしろ医師（医療者）と患者が互いに歩み寄ってその著作権を共有するという形で返還されることである。すなわち，医療者は一方的に（インフォームドコンセントという形で）パワーを譲渡するのではなく，むしろ常にパワーを譲り渡す機会を伺う姿勢を持ちつつ，最終的な決断へ至るまでの物語を共同で紡ぐことを目指すことが奨励されるのである。

　上記のような相互依存性・相互協力性の概念の下では，従来のパターナリズム的な伝統的医師－患者関係性は刷新せざるを得ないことは明らかである。共同著作の概念によって新たに規定される医師－患者関係性とは，すなわち，医療者が無知の専門性という態度を取り，そして物語的負債を医師（医療者）と患者が互いに負い合うことによって結晶化する物語的関係性である。そのような物語的関係性の特徴は「信頼」を最も基本的な価値観と位置付け，医療者に明日からの仕事の糧となるような達成感を与えることができる関係性である。医療者と患者の間の共同著作の倫理を要約するならば，それは医療者と患者が対話を介して「一緒に何かをすること」に価値を見出す相互依存的な関係性に基づく倫理であり，そして，医療者と患者の間の物語的な相互責任という形で具現化される倫理である。臨床者と患者が病いの経験を共に語り合うことによって，両者の間で「互いが互いを必要とする関係が結晶化」(Frank, 1995)し，医療は医療以上の，医療を超越した倫理的実践になるのである。本稿がその一助となれば幸いである。

文　献

Anderson, C. & Montello, M.(2002)The reader's response and why it matters in biomedical ethics. In: Charon, R. & Montello, M. (Eds.): *Stories Matter: The Role of Narrative in Medical Ethics.* Routledge, pp.85-94.

Brody, H. (1994) "My story is broken; Can you help me fix it?:" Medical ethics and the joint construction of narrative. *Literature and Medicine,* 13(1); 79-92.

Brody, H. (2003) *Stories of Sickness.* Oxford University Press.

Bruner, J. (1986) *Actual Minds, Possible Worlds.* Harvard University Press.（田中一彦訳（1998）可能世界の心理．みすず書房.）

Bruner, J. (1990) *Acts of Meaning.* Harvard University Press.（岡本夏木・仲渡一美・吉村啓子訳（1999）意味の復権：フォークサイコロジーに向けて．ミネルヴァ書房.）

Bruner, J. (2002) *Making Stories: Law, Literature, Life.* Farrar, Straus and Giroux.

Charon, R.(2006)*Narrative Medicine: Honoring the Stories of Illness.* Oxford University Press.

Connelly, J. E. (2002) In the absence of narrative. In: Charon, R. & Montello, M. (Eds.): *Stories Matter: The Role of Narrative in Medical Ethics.* Routledge, pp.85-94.

江口重幸（1999）病いの経験を聴く：医療人類学の系譜とナラティヴ・アプローチ．In：小森康永・野口裕二・野村直樹編：ナラティヴ・セラピーの世界．日本評論社，pp.33-54.

Epston, D. (1998) *'Catching up' with David Epston: A Collection of Narrative Practice-based Papers Published Between 1991 & 1996.* Dulwich Centre Publications.（小森康永訳（2005）ナラティヴ・セラピーの冒険．創元社.）

Frank, A. W. (1991) *At the Will of the Body.* Houghton Mifflin School.（井上哲彰訳（1996）からだの知恵に聴く：人間尊重の医療を求めて．日本教文社.）

Frank, A. W. (1995) *The Wounded Storyteller.* University of Chicago Press.（鈴木智之訳（2002）傷ついた物語の語り手：身体・病い・倫理．ゆみる出版.）

Gadamer, H-G. (1989) *Truth and Method (Second, Revised Edition).* Continuum.

Gergen, K. J. (1999) *An Invitation to Social Construction.* Sage Publications.（東村知子（2004）あなたへの社会構成主義．ナカニシヤ出版.）

Greenhalgh, T. & Hurwitz, B.(1998)Why study narrative? In: Greenhalgh, T. & Hurwitz, B. (Eds.): *Narrative Based Medicine.* BMJ Books, pp.3-16.（斎藤清二・岸本寛史・山本和利監訳（2001）ナラティヴ・ベイスド・メディスン―臨床における物語りと対話．金剛出版.）

Goolishian, H. & Anderson, H. (1992) The client is the expert: A not-knowing approach to therapy. In: Mcnamee, S. & Gergen, K. J. (Eds.): *Therapy as Social Construction.* Sage Publication, pp.25-39.（野口裕二・野村直樹訳（1997）ナラティヴ・セラピー：社会構成主義の実践．金剛出版, pp.59-88.［現在は遠見書房で

再刊]）

Keeney, B.（1983）*Aesthetics of Change.* Guilford.

Kirmayer, L. J.（2000）Broken narratives: Clinical encounters and the poetics of illness experience. In：Mattingly, C. & Garro, L. C. (Eds.): *Narrative and the Cultural Construction of Illness and Healing.* University of California Press, pp.153-180.

Kleinman, A.（1998）*The Illness Narratives: Suffering, Healing, and the Human Condition.* Basic Books.（江口重幸・上野豪志・五木田紳訳（1996）病いの語り：慢性の病いをめぐる臨床人類学．誠信書房．）

Launer, J.(2002)*Narrative-based Primary Care: A Practical Guide.* CRC Press.（山本和利訳（2005）ナラティブ・ベイスド・プライマリケア：実践ガイド．診断と治療社．）

Levinas, E.（1981）*Totalité et infini.* Springer.（合田正人訳（1989）全体性と無限．国文社.）

Mattingly, C.（2000）Emergent narratives. In: Mattingly, C. & Garro, L. C. (Eds.): *Narrative and the Cultural Construction of Illness and Healing.* University of California Press, pp.181-211.

Miller, J. H.（1987）*The Ethics of Reading.* Columbia University Press.（伊藤誓・大島由紀夫訳（2000）読むことの倫理．法政大学出版局.）

中野卓・桜井厚編（1995）ライフヒストリーの社会学．弘文堂．

Nussbaum, M. C.（1990）*Love's Knowledge: Essays on Philosophy and Literature.* Oxford University Press.

小倉考誠（1996）生の記述―伝記・回想録・自伝・日記 bio-graphié bio-graphy．In：大浦庸介編：文学をいかに語るか：方法論とトポス．新曜社，pp.270-288.

大澤隆幸（1997）文学の構造：物語・劇・詩はどう現象するか．西田書店．

Robinson, J. A. & Hawpe, L.（1986）Narrative thinking as a heuristic process. In: Sarbin, T. R. (Ed.): *Narrative Psychology.* Praeger, pp.111-125.

桜井厚（2002）インタビューの社会学：ライフストーリーの聞き方．せりか書房．

やまだようこ（2000）人生を物語ることの意味：ライフストーリーの心理学．In：やまだようこ編：人生を物語る：生成のライフストーリー．ミネルヴァ書房，pp.1-38.

ブックレヴュー

ケネス・J・ガーゲンは社会構成主義的心理学の世界的な巨人である。多くの本が邦訳されているが，その最新作が刊行された。『関係からはじまる——社会構成主義がひらく人間観』（ナカニシヤ出版刊，鮫島輝美・東村知子訳）。曰く「『関係とは何か』『関係を構成する基本的な要素は何か』『関係はどのように機能するか』といった疑問に対する最終的な答えを探し求めるのは，いったん保留にしよう。はっきりさせたいという誘惑から自由でいよう。『わかった』は会話の終わりであり，会話が終了すれば意味も生成されなくなる」——ガーゲンの社会構成主義は，ナラティヴ・セラピーに深い影響を与え，ガーゲンらの編集した『ナラティヴ・セラピー』（遠見書房刊）などの知見を生んでいる。

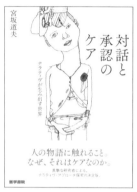

ブックレヴュー

ナラティヴとは，「患者の話をよく聞くこと」と誤解されがちである。実際はどうなのだろうか？　宮坂道夫著『対話と承認のケア——ナラティヴが生み出す世界』（医学書院）に答えが載っているかもしれない。「患者の話を聞く」という行為は，簡単なようでいて，説明しきれない奥深さと難しさがある。当然，どう聞くのかというものが専門的な営為として成り立っている。本書は，ナラティヴに対する誤解を解くことから始め，〈ケアする人〉と〈ケアされる人〉の二者関係を軸に，ナラティヴによる「解釈」「調停」「介入」を熟思し，なぜ「患者の話を聞くこと」「患者と対話することが」がケアになるのかを解き明かした1冊。奥深い本である。

ブックレヴュー

宮西は，精神科医としても医療人類学者としても名高いが，ひきこもり支援者としても名高いだろう。『ひきこもり、自由に生きる——社会的成熟を育む仲間作りと支援』（宮西照夫著，遠見書房刊）は，そんなひきこもり支援40年の宮西が描く，支援のメソッドを集めたものである。そしてそれはとてもナラティヴ・アプローチの匂いがする。ひきこもり者は日本に100万人以上いるとされる。しかし，一口にひきこもりと言っても，ひきこもりに至った背景や状況はさまざまだ。本書は，ひきこもりをもたらす社会背景や病理，ひきこもりのタイプを整理し，ひきこもり者に届く支援の実際を豊富な事例とともに語ったものである。「自由に生きる」ことを取り戻すために何ができるだろうか。

ブックレヴュー

法律とナラティヴに関係があるのか？　イエス。とても深い。紛争解決法としてのナラティヴ・アプローチが近年では模索され，実践されている。白黒をつける法廷よりも双方の「物語」を丁寧に扱うことが解決への近道となっているのである。本書『法の権力とナラティヴ』（北大路書房刊）は，そんな法とナラティヴに関する第一人者である和田仁孝先生の重厚な一冊である。本書は，和田の手によるシリーズ「法臨床学への転回」の第1巻となっており，第2巻『紛争過程とADR』（既刊），第3巻『過程としての裁判と弁護士』（未刊）と続く。著者は，解釈法社会学の手法をさらに深化させ〈法〉の語りの抑圧性を批判的に検証しつつ「臨床」をとらえ直し「法臨床学」へと舵を切る。

1 999 年に刊行された『癌と心理療法』は衝撃的であった。緩和医として心理療法的な関わりを続ける著者の仕事は，多くの緩和医だけでなく看護や心理職などにも影響を与えた。その著作の改訂が本書『がんと心理療法のこころみ—夢・語り・絵を通して』（岸本寛史著，誠信書房刊）である。30 代にして名著を書いた著者は，いくつかの病院や大学を移動し，多くの著作物を書き（本書にも書いてもらっている），臨床を続け，20 年をへて何を思うのか。本文の多くに手直しがされたという。時間があればどこが変わったのか比較してみたいところだが，患者の語りの重要性を説き，心理療法的な観点より患者の心に寄り添う医療を提言しているところは変わりがない。前作未読の方も既読の方もぜひ。

国 重浩一・横山克貴編の『ナラティヴ・セラピーのダイアログ—他者と紡ぐ治療的会話，その〈言語〉を求めて』（北大路書房刊）が刊行された。執筆者には，ほかに平木典子，能智正博，木場律志，安達映子，坂本真佐哉などナラティヴ・アプローチの実践者，研究者らが集った。本書は，ナラティヴ・セラピストによる 4 つのデモンストレーションの逐語録を全編収録し，各々の対話について，対人援助者の 3 人（計 11 名）が，さまざまな視点で読み解いていくというもの。また「クライエント体験」の視点からもカウンセリングの実際を振り返る。カウンセリングはすなわち会話である。その会話を読み解くことで硬直した支配的な言説ではなく，治療的会話の多様性と可能性を探った必読の 1 冊。

こ の夏，コロナ禍でひっそりとした心理出版業界においてとても話題になったのが，森岡正芳編『治療は文化である—治癒と臨床の民族誌（臨床心理学 増刊第 12 号）』（金剛出版刊）である。東畑開人の刺激的な論考は，河合隼雄の時代とその後に続く下山晴彦を代表とする認知行動療法＝エビデンスの時代を総括をするものとして眩しいばかりである。そしてそれに続く 2020 年代は，一体どういう文化が我々のなかで育まれ，そこに適応できぬ人々を生むのだろうか。コロナ禍で炙り出された格差問題，民族間の対立，差別と偏見，ウェブの便利さと凶暴性などなど，諦観したくなるほどの解決の遠そうな難問が立ちふさがっている。この本は 2020 年という年に刊行された意味があるだろう。

修 正版グラウンデッド・セオリー・アプローチは現在，もっとも広く使われる質的研究手法である。質的研究の裾野を広げるために新しいシリーズが誕生した。《質的研究法 M-GTA 叢書》と名付けられたシリーズは，『精神・発達・視覚障害者の就労スキルをどう開発するか—就労移行支援施設（精神・発達）および職場（視覚）での支援を探る』（竹下　浩著，遠見書房刊）を，その第 1 巻として刊行。本書は，就労移行支援（精神・発達障害）と事務系職種（視覚障害）の調査データを M-GTA で分析し，障害をもった人々が幸せに快適に働けるように効果的な支援プロセスを提示している。研究はどう進むのか。質的研究法学習者にも最適である。

編集後記：

　斎藤清二先生が病いに倒れられたとの御連絡を受けたのは，11月の下旬であった。『N：ナラティヴとケア』の第12号（この号）の原稿の締め切りは，11月半ばあたりであり，締め切り前にお送りいただいた原稿をいくつか斎藤先生に転送をしてもまったく返事はなかった。いつもはすぐにご返事をいただけることが多いものの，じっくりとお返事を書かれるときもあり，そのうち返ってくるであろうと思っていた矢先であった。

　最初，この号は斎藤清二先生お一人の編集で，先生は，この企画の冒頭にくる「序」と，その次節の「ナラティブ・メディスンの原理と実践」というテーマの論考を書く予定であった。倒れられたとの報を受けた時，まだ斎藤先生からの原稿はなかった。「序」にあたるものを代わりに書いてもらい，編者を代行してもらう必要があった。そういう事情もあり，斎藤先生との共同編者として，岸本寛史先生にお願いをすることになった。師弟とも違うのだが，お二人には深い絆があり，ともに内科医で心理療法やナラティブについて学ばれてきたので，岸本先生が編者になることに関して斎藤先生も異論はなかろうと思われる。岸本先生のご尽力で無事完成に漕ぎつけたので，あとはただ斎藤先生の快復を祈るばかりである。（編集部）

【執筆者一覧：50音順】
（埼玉大学大学院人文社会科学研究科）宇田川元一
（日本大学芸術学部音楽学科）大寺雅子
（岡山大学大学院医歯薬学総合研究科総合内科学）小比賀美香子
（静岡県立総合病院緩和医療科）岸本寛史 *
（コロンビア大学）桐山加奈子
（琉球大学病院地域・国際医療部）金城隆展

（がん・感染症センター都立駒込病院／NPO法人マギーズ東京）栗原幸江
（兵庫県立大学環境人間学部）寺西雅之
（サーモセルクリニック）成井諒子
（創価大学文学部人間学科）平林香織
（大阪大学医学部医学科）宮本紘子

* 編者

※本誌では皆様の「声」を求めています。本誌がカバーしたいと考える「ナラティヴ」と「ケア」の分野は，さまざまなフィールドを架橋する分野ですが，そのために，研究報告や実践報告として既存の学術雑誌などには掲載が難しい場合もあるかと思います。皆様の臨床や実践の成果をぜひともご投稿ください。詳しくは，小社編集室までお気軽にお問い合わせください。

N：ナラティヴとケア　第12号
メディカル・ヒューマニティとナラティブ・メディスン

2021年1月30日　発行
定価（本体1,800円＋税）

遠見書房

編　者　斎藤　清二・岸本　寛史
発行人　山内　俊介
発行所　遠見書房

〒181-0002 東京都三鷹市牟礼 6-24-12 三鷹ナショナルコート 004
tel 0422-26-6711／fax 050-3488-3894
https://tomishobo.com　tomi@tomishobo.com（編集室）
遠見書房の書店：https://tomishobo.stores.jp/

発行・年1回（1月）

N: ナラティヴとケア

Japanese Journal of N: Narrative and Care

定価 1,800 円＋税
毎号約 100 頁
年 1 回（1 月）発行

次号予告（2022 年 1 月・刊行予定）

特集：質的研究とナラティヴ（仮題）

（編集：聖路加看護大学教授　木下康仁）

★質的研究とナラテイヴの融合点はどこにあるのか？　その近さと遠さを考える

バックナンバー

定期購読のご案内

ぜひ定期でのご購読をお願いいたします。定期購読には，1）遠見書房からの直接発送による定期購読と，2）書店経由の定期購読があります。

1）を選ばれた方は，遠見書房宛にメール（tomi@tomishobo.com）もしくは FAX（050-3488-3894）等で「送り先（〒），お名前，電話番号，N: ナラティヴとケア定期購読希望（希望号数も忘れずに）」と書いてお送りください。2）をご希望の方は，最寄の書店にご連絡いただければ，定期的に取り寄せが可能になります（定期台帳は小社が管理しております）。

［新版］周産期のこころのケア
親と子の出会いとメンタルヘルス
永田雅子著
望まれぬ妊娠，不仲，分娩異常，不妊治療の末の妊娠，早産，死産，障害のある子を産むこと——周産期心理臨床に長年携わってきた臨床心理士によって書かれた待望の入門書。2,000円，四六並

無意識に届く
コミュニケーション・ツールを使う
催眠とイメージの心理臨床　松木繁著
松木メソッドを知っているか？　催眠を知ればすべての心理療法がうまくなる。トランス空間を活かした催眠療法とイメージ療法の神髄を描く。附録に催眠マニュアルも収録。2,600円，A5並

発達臨床心理学
脳・心・社会からの子どもの理解と支援
谷口清著
長く自閉症者の脳機能研究や学校相談に携わってきた著者による発達臨床心理学の入門書。生物・心理・社会の視点から子どもの発達と困難を明らかにし，その支援のあり方を探る。2,800円，A5並

やさしいトランス療法
中島央著
トランスを活かせば臨床はよくなる！　著者は，催眠療法家としても日本有数の精神科医で，催眠よりやさしく臨床面接でトランスを使えるアプローチを生み出しました。日常臨床でつかうコツとプロセスを丹念に紹介。2,200円，四六並

クラスで使える！　　（CD-ROM つき）
アサーション授業プログラム
『自分にも相手にもやさしくなれるコミュニケーション力を高めよう』
竹田伸也・松尾理沙・大塚美菜子著
プレゼンソフト対応の付録 CD-ROM と簡単手引きでだれでもアサーション・トレーニングが出来る！　2,600円，A5並

イライラに困っている子どものための
アンガーマネジメント　スタートブック
教師・SC が活用する「怒り」のコントロール術
佐藤恵子著
イライラが多い子は問題を起こすたびに叱責をされ，自尊心を失う負のスパイラルに陥りがち。本書は精力的に活動をする著者による1冊。2,000円，A5並

誘発線描画法実施マニュアル
寺沢英理子・伊集院清一著
ワルテッグテストをヒントに開発された本法は，投映法的なアセスメント＋構成的な心理療法としても活用できるアプローチ。本書は詳細な手引きです。別売で，実際に使う用紙セット「誘発線描画法用紙」もあります。2,000円，B6並

なんでもやってみようと生きてきた
ダウン症がある僕が伝えたいこと
（ダウン症当事者）南正一郎著
南正一郎，46歳。小中学校は普通学級に通い，高校は養護学校を卒業。中学時代から始めた空手は黒帯で，子どもたちへの指導も行う。ダウン症をもつ，フツーの青年の半生記。1,500円，四六並

DVD でわかる家族面接のコツ①〜③
東豊著
①夫婦面接編（解説：坂本真佐哉），②家族合同面接編（解説：児島達美），③P 循環・N 循環編（黒沢幸子，森俊夫）。初回と2回目の面接を収録した DVD と詳細な解説。天才セラピストによる面接の極意。各 6,600円，A5並

場面緘黙の子どものアセスメントと支援
心理師・教師・保護者のためのガイドブック
エイミー・コトルバ著／丹明彦監訳
学校や専門家，保護者たちのための場面緘黙を確実に治療できる方法はもちろん，支援の場で実際に利用できるツールも掲載。全米で活躍する著者による緘黙支援ガイドブック！　2,800円，A5並

幸せな心と体のつくり方
東豊・長谷川淨潤著
心理療法家・東と整体指導者・長谷川の二人の偉才が行った，心と体と人生を縦にも横にも語り合ったスーパーセッション。幸福をテーマに広がる二人の講義から新しい価値観を見つけられるかもしれません。1,700円，四六並

ホロニカル・アプローチ
統合的アプローチによる心理・社会的支援
定森恭司・定森露子著
人間のありようを部分⇔全体的にアプローチする独創的な心理療法 ホロニカル・アプローチ。その入門編とともに統合的心理療法としての価値を考える。2,600円，B5並

学校コンサルテーションのすすめ方
アドラー心理学にもとづく子ども・親・教職員のための支援
ディンクマイヤーほか著・浅井／箕口訳
米国学校心理学と個人心理学をリードする著者らによる学校コンサルの実践入門の1冊。チーム学校に有効なテクと知見をわかりやすく解説。3,000円，A5並

教員のための研究のすすめ方ガイドブック
「研究って何？」から学会発表・論文執筆・学位取得まで
瀧澤聡・酒井均・柘植雅義編著
実践を深めたい，授業研究を広めたい。そんな教育関係者のために作られたのがこのガイド。小規模研究会での発表から学会での発表，論文執筆，学位取得までをコンパクトに紹介。1,400円，A5並

ＴＡＴ〈超〉入門
取り方から解釈・病理診断・バッテリーまで
赤塚大樹・土屋マチ著
投映法検査 TAT の初学者から中級者に向けた入門書。使い方から各図版に現れやすい臨床情報，分析，解釈，フィードバック，テスト・バッテリーなどをわかりやすく解説。2,500円，四六並

森俊夫ブリーフセラピー文庫①〜③
森俊夫ら著
①心理療法の本質を語る，②効果的な心理面接のために，③セラピストになるには——アイデアと感性で，最良の効果的なセラピーを実践した故 森俊夫の語り下ろし＆座談会を収録。①巻 2,200円，②巻 2,600円，③巻 2,700円，四六並

来談者のための治療的面接とは
心理臨床の「質」と公認資格を考える
増井武士著
心理面接はどうあるべきなのか？　その質を担保する「資格」「資質」はいかにあるべきか？　新たな10年を見据える心理臨床の実践論。神田橋條治先生，激賞の1冊。1,700円，A5並

公認心理師基礎用語集　増補改訂版
よくわかる国試対策キーワード
松本真理子・永田雅子編
試験範囲であるブループリントに準拠したキーワードを122に厳選。多くの研究者・実践家が執筆。名古屋大教授の2人が編んだ必携，必読の国試対策用語集です。2,000円，四六並

新刊案内のメールマガジン配信中です。mailmagazine@tomishobo.com まで空メールをお送りください

遠見書房
〒181-0002 東京都三鷹市牟礼 6-24-12
三鷹ナショナルコート 004
tel 0422-26-6711/fax 050-3488-3894
tomi@tomishobo.com　※定価は税別
http://tomishobo.com

非行臨床における家族支援

生島　浩著

非行臨床の第一人者で，家族支援の実践家としても高名な著者が支援者としてのノウハウと研究者としての成果を1冊にまとめた集大成。心理関係者・学校関係者・警察や裁判所，児相などの司法関係者などにオススメ。2,800円，A5並

訪問カウンセリング
理論と実践

寺沢英理子編著

不登校やひきこもり，長時間家を離れられない人のため，セラピストがクライアントの家に赴く訪問カウンセリング。その長年の経験をもとに，理論と実践を詰め込んだ1冊！　2,400円，四六並

混合研究法への誘い
質的・量的研究を統合する新しい実践研究アプローチ

日本混合研究法学会監修／抱井尚子・成田慶一編

混合研究法の哲学的・歴史的背景から，定義，デザイン，研究実践における具体的なノウハウまでがこの一冊でよく分かる。知識の本質を問う新しい科学的アプローチへの招待。2,400円，B5並

サビカス
ライフデザイン・カウンセリング・マニュアル
キャリア・カウンセリング理論と実践

M・L・サビカス著／JICD監修

キャリア構成理論を基礎に生まれた「ライフデザイン・カウンセリング」の手引き。自伝的な物語りを手掛かりに人生を再構成していく。2,000円，A5並

自分描画法の基礎と臨床

小山充道著

幼児から高齢者まで2千人を超える人々に描いてもらった自画像研究から生まれた自分描画法。この研究から活用までの全貌がこの1冊にまとまった。自分への振り返りを短時間に，抵抗も少なく深められる特性がある。4,600円，A5並

心理学者に聞く
みんなが笑顔になる認知症の話
正しい知識から予防・対応まで

竹田伸也著

本人・家族・支援者のために書かれた高齢者臨床を実践し介護にも関わる心理学者ならではの，予防と対応のヒント集です。1,400円，四六並

緊急支援のアウトリーチ
現場で求められる心理的支援の理論と実践

小澤康司・中垣真通・小俣和義編

今，対人援助の中で大きなキーワード「アウトリーチ」を現場の感覚から理論と技術をボトムアップした渾身の1冊。個人を揺るがす事件から大規模災害まで援助職は何をすべきか？　3,400円，A5並

老いのこころと寄り添うこころ　改訂版
介護職・対人援助職のための心理学

山口智子編

高齢者本人と取り巻く家族，援助職などの問題や葛藤などをまとめた高齢者心理学入門書が堂々改訂。認知症だけでなく，生涯発達や喪失，生と死の問題等も心理学の視点で解説した。2,600円，A5並

事例で学ぶ生徒指導・進路指導・教育相談
中学校・高等学校編　改訂版

長谷川啓三・佐藤宏平・花田里欧子編

思春期特有の心理的課題への幅広い知識や現代社会における家庭の状況等の概観，解決にいたったさまざまな事例検討など，生きた知恵を詰めた必読1冊が改訂。2,800円，B5並

緊急支援のための BASIC Ph アプローチ
レジリエンスを引き出す6つの対処チャンネル

M・ラハド，M・シャシャム，O・アヤロン著
佐野信也・立花正一監訳

人は6つの対処チャンネル：B（信念），A（感情），S（社会），I（想像），C（認知），Ph（身体）を持ち，立ち直る。イスラエル発の最新援助論。3,600円，A5並

興奮しやすい子どもには
愛着とトラウマの問題があるのかも
教育・保育・福祉の現場での対応と理解のヒント

西田泰子・中垣真通・市原眞記著

著者は，家族と離れて生きる子どもたちを養育する児童福祉施設の心理職。その経験をもとに学校や保育園などの職員に向けて書いた本。1,200円，A5並

臨床アドラー心理学のすすめ
セラピストの基本姿勢からの実践の応用まで

八巻　秀・深沢孝之・鈴木義也著

ブーム以前から地道にアドラー心理学を臨床に取り入れてきた3人の臨床家によって書かれた，対人支援の実践書。アドラーの知見を取り入れることでスキルアップ間違いナシ。2,000円，四六並

読んでわかる　やって身につく
解決志向リハーサルブック
面接と対人援助の技術・基礎から上級まで

龍島秀広・阿部幸弘・相場幸子ほか著

解決志向アプローチの「超」入門書。わかりやすい解説＋盛り沢山のやってみる系ワークで，1人でも2人でも複数でもリハーサルできる！　2,200円，四六並

対象関係論の源流
フェアベーン主要論文集

W・R・D・フェアベーン著
相田信男監修／栗原和彦編訳

「対象関係論」という言葉を初めて用い，フロイト以後の精神分析学の理論的な整備と発展に大きく寄与した独創的な臨床家の主要論文集。5,000円，A5並

治療者としてのあり方をめぐって
土居健郎が語る心の臨床家像

土居健郎・小倉　清著

土居健郎と，その弟子であり児童精神医学の大家　小倉による魅力に満ちた対談集。精神医学が生きる道はどこなのか？　〈遠見こころライブラリー〉のために復刊。2,000円，四六並

武術家、身・心・霊を行ず
ユング心理学からみた極限体験・殺傷の中の救済

老松克博著

武術家として高名な老師範から，数十年にわたる修行の過程を克明に綴った記録を託された深層心理学者。その神秘の行体験をどう読み解き，そこに何を見るのか。1,800円，四六並

催眠トランス空間論と心理療法
セラピストの職人技を学ぶ

松木　繁編著

「催眠」を利用する催眠療法や壺イメージ療法，自律訓練法，そこから派生した動作法，家族療法，フォーカシングなどの職人芸から，トランスと心理療法の新しい形を考える。3,200円，A5並

金平糖：自閉症納言のデコボコ人生論

森口奈緒美著

高機能自閉症として生きる悩みや想いを存分に描き各界に衝撃を与えた自伝『変光星』『平行線』の森口さんが，鋭い視点とユーモアたっぷりに定型発達社会に物申す！　当事者エッセイの真骨頂，ここに刊行。1,700円，四六並

新刊案内のメールマガジン配信中です。mailmagazine@tomishobo.com　まで空メールをお送りください

遠見書房　〒181-0002 東京都三鷹市牟礼 6-24-12
三鷹ナショナルコート 004
tel 0422-26-6711/fax 050-3488-3894

tomi@tomishobo.com　※定価は税別
http://tomishobo.com